AMSTERDAM

Libre Expression

Une société de Québecor Média

Gauche **De Hollandsche Manege** Droite **Magere Brug**

Libre Expression
Une société de Québecor Média

DIRECTION
Nathalie Bloch-Pujo

DIRECTION ÉDITORIALE
Cécile Petiau

RESPONSABLE DE COLLECTION
Catherine Laussucq

ÉDITION
Émilie Lézénès, Adam Stambul

TRADUIT ET ADAPTÉ DE L'ANGLAIS PAR
Dominique Brotot, Géraldine Bretault
avec la collaboration de
Sophie Boucher-Delesalle

MISE EN PAGES (PAO)
Maogani

Ce guide Top 10 a été établi par
Fiona Duncan et Leonie Glass

www.dk.com

Publié pour la première fois en
Grande-Bretagne en 2003 sous le titre :
*Eyewitness Top 10 Travel Guides :
Top 10 Amsterdam*
© Dorling Kindersley Limited, Londres 2013
© Hachette Livre (Hachette Tourisme) 2013
pour la traduction et l'édition françaises

© Éditions Libre Expression, 2013
pour l'édition française au Canada

Tous droits de traduction, d'adaptation
et de reproduction réservés pour tous pays.

IMPRIMÉ ET RELIÉ À HONG KONG

Les Éditions Libre Expression
Groupe Librex inc.
Une société de Québecor Média
La Tourelle
1055, boul. René-Lévesque Est, Bureau 800
Montréal (Québec) H2L 4S5
www.edlibreexpression.com

DÉPÔT LÉGAL : Bibliothèque et Archives
nationales du Québec et Bibliothèque et
Archives Canada, 2013

ISBN 978-2-7648-0597-8

Sommaire

Aussi soigneusement qu'il ait été
établi, ce guide n'est pas à l'abri
des changements de dernière heure.
Faites-nous part de vos remarques,
informez-nous de vos découvertes
personnelles : nous accordons la
plus grande attention au courrier
de nos lecteurs.

Abréviations : EP *Entrée payante* **EG** *Entrée gratuite*
C *Climatisation* **PC** *Pas de climatisation* **vis. guid.** *visite guidée*

Gauche **1e Klas Café, Centraal Station** Droite **Prinsengracht**

Gauche **Café De Jaren** Droite **Montelbaanstoren, Oudeschans**

 Abréviations : j.f. *jours fériés* **t.l.j.** *tous les jours* **AH** *Accès handicapés* **PAH** *Pas d'accès handicapés*

AMSTERDAM
TOP 10

⏨10 À ne pas manquer

Animée et riche en trésors artistiques, Amsterdam est le témoin préservé de neuf siècles d'histoire durant lesquels elle devint la capitale d'un empire planétaire. Après une période de déclin, elle s'est aujourd'hui transformée en une métropole moderne et attractive, où le dynamisme n'exclut pas la sérénité. Tolérance est peut-être le mot qui définit le mieux cette cité où la prostitution ne se cache pas et où commerçants puritains, diamantaires juifs et fumeurs de cannabis vivent en harmonie.

Canaux et voies d'eau 1

Ils donnent caractère et charme à Amsterdam et reflètent son histoire, en particulier les 3 canaux du XVIIe s. de la Grachtengordel *(p. 8-11)*.

Rijksmuseum 2

Le plus grand musée national d'art des Pays-Bas possède un ensemble sans égal de peintures hollandaises du Siècle d'or. Il compte parmi ses fleurons *La Laitière* de Vermeer *(ci-contre)* *(p. 12-15)*.

Van Gogh Museum 3

La plus riche collection au monde d'œuvres de Van Gogh comprend des tableaux majeurs de toutes ses périodes de production. L'exposition présente aussi les créations de certains de ses contemporains dont il appréciait le travail *(p. 16-19)*.

Museum Ons' Lieve Heer op Solder 4

Les apparences sont parfois trompeuses, et le Quartier rouge n'échappe pas à la règle. Une maison du XVIIe s. y abrite dans ses combles une splendide église, exemple rare de lieu de culte catholique clandestin. Le reste de la demeure, qui a peu changé depuis le Siècle d'or, ne manque pas d'intérêt *(p. 20-21)*.

Map labels: Brou.., Jordaan, Prinsengracht, Keizersgra.., Bloemgracht, RAADHUISSTRAAT, ROZENGRACHT, Jordaan, KEIZERSGRACHT, Negen Straatjes, S.., MARNIXSTRAAT, NASSAUKADE, LEIDSESTRAAT, Keizer.., LEIDSE PLEIN, Prinsengra.., STADHOUDERSKADE, HOBBEMASTR., Leidsegracht, WETERINGSCHANS, VAN BAERLESTRAAT, PAULUS POTTER STR., STADHO.., MUSEUM PLEIN, HOBBEMAKADE

Béguinage
5 Ce havre de paix construit pour offrir des logements à une communauté de béguines renferme la plus vieille maison d'Amsterdam *(p. 22-23)*.

Amsterdam Museum
6 Une riche collection retrace, dans un ancien orphelinat, l'histoire de la ville depuis le XIIe s. *(p. 24-27)*.

Oude Kerk
7 Cette grande cathédrale gothique a perdu ses peintures et sa statuaire en 1566, mais conserve de beaux vitraux et ses grandes orgues *(ci-dessus) (p. 28-29)*.

Museum Van Loon
8 La famille Van Loon laisse les visiteurs de son ancienne résidence sur le Keizersgracht se déplacer librement dans les pièces somptueusement restaurées, décorées et meublées dans le style du milieu du XVIIIe s. *(p. 30-31)*.

Maison d'Anne Frank
9 La maison où Anne Frank et sa famille se cachèrent 25 mois avant qu'une dénonciation provoque leur déportation est devenue un musée très émouvant *(p. 32-33)*.

Place du Dam
10 La place principale d'Amsterdam occupe l'emplacement de la digue sur l'Amstel à l'origine de la ville. Elle accueille aujourd'hui concerts et manifestations diverses *(p. 34-35)*.

Amsterdam Top 10

Oosterdok

Oude Zijde

Oudeschans

Wertheim Park

Artis Plantage

DAMRAK
WARMOESSTRAAT
GELDERSEKADE
PRINS HENDRIKKADE
IJTUNNEL
NIEUW MARKT
KLOVENIERSBURGWAL
JODENBREESTR
VALKENBURGERSTRAAT
AMSTEL
REMBRANDT PLEIN
WATERLOO PLEIN
MUIDERSTR
PLANTAGE MIDDENLAAN
AMSTEL
WEESPERSTRAAT
HERENGRACHT
UTRECHTSESTRAAT
SARPHATISTRAAT
FREDERIKS PLEIN

0 — mètres — 500

7

TOP 10 Canaux et voies d'eau

Avec leurs panoramas enchanteurs, leurs ponts pittoresques (1 703 au total), leurs maisons à pignon typiques et leurs agréables cafés, les voies d'eau d'Amsterdam forment un dédale de 75 km propice à la flânerie. Elles rappellent qu'aucune autre nation n'est aussi plate que les Pays-Bas dont la moitié du territoire a été gagnée sur la mer au moyen de digues, de canaux de drainage et de barrages. Une promenade en bateau (p. 136) vous permettra d'avoir un bel aperçu de la cité. En 2010, les canaux du XVIIe s. ont été inscrits au Patrimoine mondial par l'Unesco.

Café Van Puffelen

🍷 Parmi les meilleurs cafés en bord de canal figurent Papeneiland (Prinsengracht 2), De Sluyswacht *(p. 80)* et Van Puffelen où les consommations sont servies sur une péniche en été *(p. 102)*.

💡 Si vous vous trouvez au centre d'Amsterdam sans disposer de temps pour parcourir ses voies d'eau, flânez au moins jusqu'à l'Huis op de Drie Grachten (« maison sur Trois Canaux »), au n° 249 Oudezijds Voorburgwal, dont les pignons à redents se reflètent dans 3 canaux différents.

À ne pas manquer

1. Herengracht
2. Keizersgracht
3. Prinsengracht
4. Entrepotdok
5. Reguliersgracht
6. Amstel
7. Brouwersgracht
8. Bloemgracht
9. Leidsegracht
10. Singel

Herengracht
Fleuron de la Grachtengordel *(p. 11)*, le canal des Seigneurs abrite le Tournant d'or, célèbre pour ses élégantes demeures bâties pour de riches marchands, mais qui manque un peu de vie. Entre la Huidenstraat et la Leidsestraat s'étend une section plus jolie, à découvrir de la rive est.

Keizersgracht
Le canal central de la Grachtengordel est particulièrement agréable entre le Brouwersgracht et la Raadhuisstraat, puis entre la Runstraat et la Leidsestraat.

Prinsengracht
Destiné à la construction d'entrepôts et de maisons d'artisans, le plus extérieur des 3 canaux de la Grachtengordel, et le plus long (3 km), possède une atmosphère décontractée avec ses cafés et ses galeries d'art.

Entrepotdok
Un complexe d'anciens entrepôts abrite aujourd'hui des bureaux et des appartements. Des cafés installent leurs terrasses sur les quais.

Reguliersgracht
Ce charmant canal percé en 1664 possède beaucoup de cachet avec ses 7 ponts de pierre. Remarquez les maisons des nos 57, 59 et 63.

Amstel
Jusqu'à la construction de la Grachtengordel qui lui ravit la vedette, l'Amstel fut le pôle de la cité qui lui doit son nom. Des péniches l'empruntent toujours jusqu'au port.

Brouwersgracht
L'ambiance insouciante du canal des Brasseurs offre un contraste agréable avec l'élégance sophistiquée de la Grachtengordel.

Bloemgracht
Classées monuments historiques, ses maisons aux pignons ouvragés ont valu le surnom de « Herengracht du Jordaan » au canal des Fleurs, enjambé par des ponts en fonte.

Leidsegracht
Ce canal aujourd'hui très chic était au XVIIe s. la principale voie de transport fluvial entre Amsterdam et Leyde.

Singel
Cet ancien fossé de rempart abrite désormais le Bloemenmarkt, la Ronde Lutherse Kerk et la Krijtberg aux hauts clochers néogothiques.

Construire à Amsterdam

Chaque maison repose sur des pilotis plantés dans le sol marécageux. Il fallut attendre le XVIIe s. et la mise au point de techniques permettant d'atteindre la couche dure de sable située à 13 m sous la surface pour obtenir une réelle stabilité. Certains piliers s'enfoncent encore plus profondément, jusqu'à 18 m. On préfère aujourd'hui le béton au bois, qui pourrit s'il se retrouve exposé à l'air.

Gauche **Bateau-mouche sur l'Oudeschans** Droite **De Poezenboot**

⁵⁰ Au fil des canaux

1 Chambre forte
Si une alerte survenait dans la chambre forte de la Banque nationale des Pays-Bas, située à 15 m de profondeur, un dispositif l'inonderait des eaux du Singel.

2 Pont-prison
Le Torensluis, pont le plus large d'Amsterdam, occupe sur le Singel l'emplacement d'une écluse du XVIIe s. Ses fondations renferment une cellule.

3 Bateau des Chats
De Poezenboot, le « bateau des Chats », offre sur le Singel un refuge à des centaines de félins abandonnés *(ci-dessus).*

4 Ivresse impériale
En 1716, le tsar Pierre le Grand laissa le maire l'attendre à une réception officielle pendant qu'il se soûlait chez son ami Christoffel Brant, au no 307 Keizersgracht. Il dormit cette nuit-là au domicile de l'ambassadeur de Russie, au no 527 Herengracht.

5 Fausse maison la plus étroite d'Amsterdam
N'écoutez pas les autres guides : on ne voit au no 7 Singel que la façade arrière d'un immeuble en forme de coin.

6 Ange bleu
Levez les yeux pour admirer la superbe statue de l'*Ange bleu* juchée sur l'édifice de l'ancienne Compagnie d'assurance du Nord-Brabant, à l'angle du Singel et de Haarlemmerstraat.

7 Café le plus insolite
Le Café de Sluyswacht, édifié en 1695, donne l'impression d'être sur le point de s'effondrer quand on passe devant sur l'Oudeschans *(p. 80).*

8 Maisons incrustées
Observez bien le Victoria Hotel, près de la gare : vous remarquerez 2 minuscules maisons du XVIIe s. incorporées dans la façade monumentale du XIXe s. À en croire la légende, leur propriétaire, une vieille dame, refusa de vendre.

Pierre le Grand

9 Pagode flottante
Le célèbre Sea Palace, restaurant chinois flottant d'Amsterdam, est un endroit romantique qui offre un point de vue inhabituel, avec ses nombreuses fenêtres et ses guirlandes lumineuses.

10 Tour des Pleureuses
Selon la tradition, c'est au pied de la Schreierstoren, une tour défensive du XVe s., que les femmes de marins venaient dire adieu à leurs époux.

Principaux ponts

1 Magere Brug (Amstel)
2 Blauwbrug (Amstel)
3 Hogesluis (Amstel)
4 Nieuwe Amstelbrug (Amstel)
5 Berlagebrug (Amstel)
6 Torensluis (Singel)
7 St Antoniesluis (Zwanenburgwal)
8 7 ponts de pierre en arche (Reguliersgracht)
9 Ponts-levis en bois (îles occidentales)
10 Sleutelbrug (Oudezijds Voorburgwal)

Grachtengordel

Inscrite au Patrimoine mondial par l'Unesco en 2010, la « ceinture de canaux » est formée de 3 voies d'eau parallèles en arc de cercle – le Prinsengracht, le Keizersgracht et l'Herengracht – et arbore d'élégantes maisons à pignon. Elle doit son existence à un ambitieux projet d'urbanisme de la fin du Moyen Âge, dont le but était de quadrupler la superficie de la ville et du port de commerce. Les travaux commencèrent en 1613 et furent effectués en 2 étapes au cours du XVIIe s. La vente du terrain des rives se fit par parcelles régulières ; les acquéreurs les plus riches les achetaient par 2 pour édifier des demeures plus spacieuses. À l'origine, un village de pêcheurs fut fondé au début du XIIe s. sur la rive droite de l'embouchure de l'Amstel. La digue (dam) qui le protégeait lui valut le nom d'« Amstelledamme ». Des canaux de drainage, qui servaient aussi de voies de circulation, lui permirent de s'étendre sur un territoire marécageux. Le Singel, qui marque toujours l'emplacement des remparts médiévaux, rappelle que la Grachtengordel fut percée en dehors.

Magere Brug
Restauré maintes fois depuis son achèvement en 1672, le pont Maigre a gagné en largeur en 1969, mais il a conservé son nom.

Plan d'Amsterdam (1648) montrant la Grachtengordel

Visites en bateau p. 136

🔟 Rijksmuseum

Le splendide Musée national des Pays-Bas abrite près de 7 millions d'œuvres, dont seule une partie est exposée. Il fut fondé en 1808, au sein du Palais royal de Dam, par Louis Bonaparte, alors roi de la Hollande, puis il déménagea à l'adresse actuelle en 1885. L'édifice principal, conçu par P. J. H. Cuypers, rouvrira ses portes en 2013 au terme de 10 ans de grands travaux. Le musée possède une exceptionnelle collection d'art hollandais, riche de plus de 8 000 œuvres.

Façade du Rijksmuseum

🅰 Le Groot Café, au rez-de-chaussée, surplombe l'Atrium. C'est un bel endroit pour observer la foule tout en se reposant.

🅱 Tenez-vous prêt : le musée renferme plus de 8 000 objets d'art hollandais, datant du Moyen Âge au XXe s., présentés dans 80 salles : n'espérez pas tout voir en une visite. L'aile Philips, en cours de rénovation, rouvrira en 2014.

- Museumstraat
- plan D5
- 020 674 7000
- www.rijksmuseum.nl
- ouv. 9h-18h ; ferm. 1er janv.
- EP 14 € (EG pour les moins de 19 ans) ; jardin EG.

Légende

- Rez-de-chaussée
- 1er étage
- 2e étage

La Ronde de nuit
La Compagnie du capitaine Frans Banning Cocq, selon son véritable titre, exécutée par Rembrandt en 1642 pour l'hôtel des Arquebusiers d'Amsterdam, occupe une place de choix dans la galerie Philips.

La Fiancée juive
Dans ce double portrait d'une grande tendresse et d'un style d'une liberté inhabituelle, Rembrandt a attribué en 1667 les traits d'un couple inconnu aux personnages bibliques d'Isaac et de Rebecca.

La Laitière
Une fascinante maîtrise de la lumière, de la couleur et de la perspective donne une dimension magique au réalisme de ce tableau peint par Vermeer vers 1658. Vue légèrement en contre-plongée, la jeune fille se détache contre un mur nu et paraît presque réelle *(ci-dessous)*.

Portrait d'une jeune fille en bleu
Ce portrait de Johannes Verspronck (1641) est représentatif du style réaliste de l'artiste. Ses coups de pinceau réguliers et quasi invisibles contrastent avec le style plus abrupt de ses contemporains, tel Frans Hals *(p. 46)*.

En raison des travaux de rénovation en cours, la localisation de ces 10 chefs-d'œuvre est inconnue au moment où nous imprimons.

À ne pas manquer

5 Le Gardien du temple
Cette représentation d'un gardien de temple japonais (Niô) date du XIVᵉ s. et présente des traces de polychromie *(ci-contre)*.

7 Notre-Dame des Douleurs
Ce buste flamand en terre cuite (v. 1500-1510) est une représentation unique et vivante de Marie en deuil : la Mater Dolorosa *(ci-dessous)*.

9 L'Homme carré
L'Homme carré (1951) est typique du travail de Karel Appel pendant ses années CoBrA, alors mouvement dominant de la scène artistique hollandaise.

10 Coffres pour un mariage royal
Œuvre du célèbre ébéniste parisien André-Charles Boulle (v. 1688), cette paire de coffres de mariage est un bel exemple de son travail, représentatif du style Renaissance.

6 Moulin au bord d'un canal
La composition équilibrée de Paul Joseph Constantin Gabriel *(ci-contre)* est influencée par les idées impressionnistes, notamment les coups de pinceau rapides. Acquis par le Rijksmuseum en 1889, le tableau était alors considéré comme novateur.

8 FK23 Bantam
Conçu par Frits Kookhoven en 1917, cet avion symbolise la contribution des Néerlandais à l'histoire de l'aviation. Le châssis du fuselage et l'hélice sont en bois, le fauteuil du pilote en osier.

Suivez le guide
Le musée est divisé par périodes. Le Moyen Âge, la Renaissance, les collections spéciales et le Pavillon asiatique sont au rez-de-chaussée ; l'art des XVIIIᵉ et XIXᵉ s. est au 1ᵉʳ étage ; les œuvres du Siècle d'or se trouvent au 2ᵉ étage ; celles du XXᵉ s. au 3ᵉ étage. Il y a 4 entrées principales, situées dans l'Atrium. 2 mènent à l'aile est, les 2 autres à l'aile ouest. En raison des travaux de rénovation en cours, des œuvres ont pu être déplacées dans les galeries.

Autres artistes néerlandais p. 46-47

13

Gauche, centre **Œuvres d'Edvard Munch et de Gerard Ter Borch** Droite **Guanyin assis**

Rijksmuseum en détail

1 Bâtiment
La création néogothique de l'architecte P. J. H. Cuypers attira les critiques de la communauté protestante pour la richesse de sa décoration. Le roi Guillaume III refusa d'y pénétrer.

2 Jardin
Statues et curiosités architecturales ornent ce havre de paix peu connu.

3 Atrium
Restaurées dans leur état d'origine de 1885, les 2 cours de l'Atrium forment l'entrée et le cœur du musée. Elles sont reliées par un passage souterrain.

4 Pavage en marbre
Recouvert en 1920 puis démantelé à la fin du XXe s., le pavage original de Cuypers a retrouvé son lustre d'origine. Des centaines de milliers de petits blocs de marbre composent un motif riche en symbolisme.

5 Bibliothèque
La bibliothèque est réservée aux chercheurs en histoire de l'art. Une grande baie vitrée permet aux visiteurs d'admirer son impressionnant décor intérieur et sa collection d'ouvrages.

Plan du musée

6 Pavillon asiatique
Cet endroit calme est un lieu idéal pour fuir les nuées de visiteurs. Le Pavillon asiatique offre un aperçu sur les cultures et les sociétés asiatiques des siècles passés.

7 Collection spéciale
La collection spéciale conjugue l'amusant et le bizarre : des salles pleines de boîtes, d'animaux, de porcelaines de Meissen, de miniatures en argent. On y compte même une armure et des cheveux de Jacqueline de Bavière, comtesse de Hollande et de Zélande au XVe s.

8 Siècle d'or
Le Rijksmuseum est réputé dans le monde entier pour sa collection d'art du XVIIe s. Les visiteurs défilent pour y admirer les toiles des maîtres hollandais comme Rembrandt, Vermeer, Jan Steen et Frans Hals.

9 Art moderne
2 vastes salles au 3e étage abritent l'art du XXe s., divisé en 2 périodes : 1900-1950 et 1950-2000.

10 Grand Hall
Le Grand Hall du 2e étage a été reconstitué tel qu'à l'époque de Cuypers, avec son magnifique décor raffiné de la fin du XIXe s.

L'emplacement des collections et des œuvres d'art est inconnu au moment de cette mise à jour.

Dates importantes de la vie de Rembrandt

1. Naît à Leyde (1606).
2. Étudie avec Pieter Lastman (1624).
3. 1re commande importante. Épouse Saskia Van Uylenburgh (1634).
4. Achète une grande maison à Amsterdam (1639), l'actuel Museum het Rembrandthuis.
5. Naissance de Titus, son seul enfant qui atteindra l'âge adulte (1641).
6. Mort de Saskia ; *La Ronde de nuit* (1642).
7. Vit avec Hendrickje Stoffels (1649).
8. Se déclare en faillite (1656).
9. Titus et Hendrickje acquièrent les droits sur son œuvre.
10. Décès de Titus (1668) ; Rembrandt meurt en octobre 1669.

Rembrandt et La Ronde de nuit

Une légende tenace rend sa plus extraordinaire peinture responsable du revers de fortune qui conduira le grand maître néerlandais du Siècle d'or à connaître la pauvreté à la fin de sa vie. Rembrandt fut payé, mais une mauvaise gestion financière fut probablement la cause de ses problèmes d'argent. La composition se distingue fortement des autres portraits de corporation de l'époque, dont les sujets apparaissent généralement dans des poses beaucoup plus figées (p. 27). Très dynamique, elle montre une compagnie de la garde municipale se préparant à partir en mission. L'action se tenant dans une rue sombre ainsi que le noircissement des vernis firent croire qu'il s'agissait d'une scène nocturne. L'œuvre était encore plus grande à l'origine mais fut amputée d'une bande verticale en 1715, lorsqu'on la retira de l'hôtel de ville où elle était exposée.

Autoportrait en saint Paul
Rembrandt s'est représenté tout au long de sa vie. Ces autoportraits offrent un fascinant aperçu de son caractère.

La Compagnie du capitaine Frans Banning Cocq, plus connue sous le titre *La Ronde de nuit*

TOP 10 Van Gogh Museum

La plus riche collection d'œuvres de Van Gogh a pour origine le fonds réuni par son frère Théo et ses descendants. Elle comprend quelque 200 peintures et 480 dessins ainsi que des centaines de lettres, les estampes japonaises de l'artiste et des créations de ses contemporains. Elle est présentée par roulement dans l'édifice lumineux achevé en 1973 par l'architecte Gerri Rietveld. L'accrochage permet de suivre l'évolution du peintre depuis les toiles sombres des débuts jusqu'aux paysages hantés de ses dernières années. Durant les travaux de rénovation, certaines œuvres sont exposées à l'Hermitage Amsterdam, non loin de là.

Façade du musée Van-Gogh

🍴 Le rez-de-chaussée abrite une cafétéria.

ℹ️ Pour éviter la foule, arrivez dès l'ouverture ou achetez vos tickets sur le site Internet du musée *(voir ci-dessous)*. Il est recommandé de suivre l'ordre chronologique de l'exposition.

- *Paulus Potterstraat 7*
- *plan C6*
- *020 570 5200*
- *www.vangogh museum.com*
- *ouv. t.l.j. 10h-18h, ven. 10h-22h*
- *EP 14€ (EG pour les moins de 12 ans)*
- *audioguide 2,50€-4€ ; vis. guid. pour les groupes sur r.-v.*

1 Les Tournesols

Ce célèbre tableau (1885) devait faire partie d'une série de natures mortes destinée à la « maison jaune » d'Arles. Van Gogh choisit des tournesols pour Paul Gauguin qui aimait cette fleur. Les taches de mauve et de rouge donnent encore plus d'éclat aux jaunes et aux oranges.

2 Les Mangeurs de pommes de terre

Installé à Nuenen, dans le Brabant, le peintre s'efforça de rendre avec réalisme les dures conditions de vie des paysans. Sa 1re grande composition (1885) ne reçut pas l'accueil critique espéré.

3 Le Pont sous la pluie

Copie aux couleurs plus vives et aux contrastes plus marqués d'une estampe d'Utagawa Hiroshige, cette toile de 1887 témoigne de l'intérêt de Van Gogh pour l'art japonais.

À ne pas manquer

Légende

	Sous-sol
	Rez-de-chaussée
	1er étage
	2e étage
	3e étage

4 Paire de chaussures

Le talent du peintre donne vie à de vieux souliers dans ce tableau exécuté à Paris en 1886. La palette sombre reste celle de Nuenen.

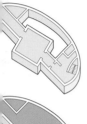

6 Barques aux Saintes-Maries

Van Gogh passa 5 jours aux Saintes-Maries-de-la-Mer en 1888 ; il fut profondément marqué par la Méditerranée. En vous approchant, vous verrez des grains de sable pris dans la peinture.

8 Le Semeur

Pendant son traitement à Saint-Rémy, Van Gogh prit les travaux des champs pour sujet. Il existe 3 versions de ce tableau (1889) inspiré de Millet.

10 Champ de blé aux corbeaux

Ce paysage qui date de 1890 est l'une des dernières œuvres de Van Gogh. Il trouva peut-être un reflet de ses angoisses dans cette piste finissant en cul-de-sac sous la menace d'un vol de corbeaux.

5 Autoportrait comme peintre

Le plus abouti d'une série d'autoportraits datant de 1887 montre une interprétation très personnelle du pointillisme. Van Gogh avait rarement les moyens de payer des modèles et il s'est souvent représenté.

7 Chambre de Vincent à Arles

Cette œuvre de 1888 tire sa force de la simplicité du sujet et de la subtilité de l'équilibre entre les masses de couleur. L'artiste fut si content du résultat qu'il en fit 2 copies *(p. 19)*.

9 Branche d'amandier en fleur

Van Gogh peignit ce tableau pour son neveu né en janvier 1890 et nommé d'après lui.

Suivez le guide

Les peintures de Van Gogh sont exposées par date et lieu d'exécution au 1er étage du bâtiment principal. Les œuvres de ses contemporains se trouvent au rez-de-chaussée et au 3e étage. Le 2e étage est consacré aux arts graphiques. On peut y étudier des documents fragiles. Une aile accueille des expositions temporaires.

Autres musées d'Amsterdam p. 40-41

Gauche *Ménades fatiguées* Centre *Amsterdam* par Monet Droite *Autoportrait* de Gauguin

Van Gogh Museum : autres artistes

1 Vue de Prins Hendrikkade et de Kromme Waal à Amsterdam
Monet peignit ce paysage hivernal en 1874 depuis un bateau sur l'IJ.

2 Jeune Paysanne à la houe
Très apprécié de Van Gogh, Jules Breton bâtit sa réputation sur des scènes rurales comme celle-ci (1882).

3 Ménades fatiguées après la danse
Lawrence Alma-Tadema a donné en 1875 une image sans concession de 3 bacchantes.

4 Portrait de Guus Preitinger
Dans ce tableau de 1911 représentant sa propre femme, Kees Van Dongen fait usage des couleurs typique du fauvisme.

5 Poudre de riz
Toulouse-Lautrec, qui devint un ami de Van Gogh, a probablement représenté sa maîtresse, Suzanne Valadon, sur cette toile de 1887.

6 La Grand-Mère d'Émile Bernard
Van Gogh échangea un de ses autoportraits contre cette peinture (1887) d'Émile Bernard.

Plan du musée

7 Sainte Geneviève enfant en prière
Cette étude à l'huile de Puvis de Chavannes pour les fresques du Panthéon de Paris représente l'enfance de sainte Geneviève et date de 1876.

8 Les Misérables
Dans ce puissant autoportrait (1888), Paul Gauguin s'identifie à Jean Valjean, le bagnard évadé créé par Victor Hugo.

9 Grand Paysan
Jules Dalou partageait l'intérêt de Van Gogh pour le monde agricole. Il exécuta cette sculpture grandeur nature en 1889.

10 Deux Femmes s'embrassant
Le travail de la couleur et la facture de cette œuvre de 1906 témoignent de l'influence de Van Gogh sur l'artiste néerlandais Jan Sluijters.

La Grand-Mère d'Émile Bernard

La vie de Vincent Van Gogh

Fils aîné d'un pasteur, Vincent Van Gogh naît le 30 mars 1853 à Groot-Zundert. À l'âge de 16 ans, il est engagé par la galerie d'art Goupil et Cie dont son oncle est un des associés. Son comportement devenant de plus en plus instable, il est licencié 7 ans plus tard. Après s'être essayé à la prédication, il décide de se consacrer à la peinture en 1880. Il vit chez ses parents à Nuenen, dans le Brabant, de 1883 à 1885, puis part à Paris en 1886 pour étudier dans l'atelier de Fernand Cormon. Habitant avec son frère Théo, il rencontre les impressionnistes et change de style. En 1888, il déménage à Arles où il rêve de fonder une colonie d'artistes avec Paul Gauguin. Mais les deux amis se disputent, et Van Gogh finit par se mutiler l'oreille dans une crise de délire. Il entre volontairement à l'asile de Saint-Rémy en 1889, puis part l'année suivante s'installer dans le village d'Auvers-sur-Oise. Son état mental continue de se dégrader, et il se tire une balle dans la poitrine le 27 juillet 1890. Il meurt 2 jours plus tard, Théo à son chevet.

Vincent Van Gogh

Chambre de Vincent à Arles, par Van Gogh

🔟 Museum Ons' Lieve Heer op Solder

Offrant un contraste frappant avec son environnement, dans la section la plus miteuse du Quartier rouge, cette maison du XVIIe s. réserve une surprise. Ses combles renferment Ons' Lieve Heer op Solder *(« Le Bon Dieu au grenier »), un exemple rare et parfaitement conservé de ces églises catholiques clandestines créées après l'Altération (voir encadré). Elle resta un lieu de culte de 1663 jusqu'à la construction de la St Nicolaaskerk voisine en 1887. Son aménagement intérieur a peu changé depuis le Siècle d'or.*

Façade au pignon pointu

💬 **Pour prendre un rafraîchissement, rejoignez l'In de Waag, un excellent café-restaurant sur le Nieuwmarkt.**

✓ **N'hésitez pas à suivre la visite conseillée sur le plan gratuit. La signalisation claire des salles vous y aidera.**

• Oudezijds Voorburgwal 40
• plan P2
• 020 624 6604
• www.opsolder.nl
• ouv. lun.-sam. 10h-17h, dim. et j.f. 13h-17h ; ferm. 1er janv., 30 avr.
• EP 7 € (tarif réduit 5 € ; moins de 19 ans 1 €).

À ne pas manquer

1 Édifice
2 Salle du Canal
3 Sael
4 Chambre du chapelain
5 Église cachée
6 Chaire pliante
7 Mariakapel
8 Confessionnal
9 Maisons de derrière
🔟 Cuisine

Édifice
1 Jan Hartman, un marchand catholique, fit construire la demeure en 1661. Pour créer l'église, agrandie vers 1735, il réunit son grenier aux combles de 2 petites maisons situées derrière.

Salle du Canal
2 Ce salon du XVIIe s. *(ci-dessus)*, où les hôtes passaient le plus clair de leur temps dans la journée, donne sur le canal à l'avant. Il est décoré de mobilier d'époque. Le poêle est une réplique.

Sael
3 Obéissant à des règles strictes de proportions et de symétrie, la salle de réception d'apparat *(sael)* offre un superbe exemple du style classique hollandais en vogue au XVIIe s. *(ci-dessous)*. Elle se distingue, par son faste, de la « salle du Canal », réservée aux intimes.

→ *Autres églises d'Amsterdam* p. 42-43

4 Chambre du chapelain

Le prêtre de l'église cachée vivait dans la maison. Dans les anciens quartiers des domestiques, sa petite chambre, serrée dans un angle, dans une courbe de l'escalier, a conservé son mobilier austère, dont un lit clos.

8 Confessionnal

Cette ancienne pièce l'habitation au milieu des 3 maisons, adaptée aux besoins du culte en 739, a conservé un de les 2 confessionnaux (ci-contre).

9 Maisons de derrière

l'église gagna peu à peu ur les habitations, mais les signes de leur usage premier subsistent.

Légende

■	Rez-de-chaussée
■	1er étage
■	2e étage
■	3e étage
■	4e étage
■	5e étage

5 Église cachée

Au sommet de l'escalier, la *schuilkerk* offre un spectacle charmant et inhabituel *(à gauche)*. Pour accueillir une plus large congrégation, elle fut remaniée dans le style baroque vers 1735 ; 2 étages de tribunes, suspendues au toit par des tringles de fonte, furent ajoutés.

6 Chaire pliante

Quand il ne servait pas, ce meuble ingénieux était replié derrière la colonne gauche du maître-autel. Un *Baptême du Christ* de Jacob De Wit (1695-1754) décore le retable.

10 Cuisine

La ravissante cuisine du XVIIe s. *(ci-contre)* faisait partie de l'habitation secrète du prêtre. Elle a conservé ses carreaux de Delft, sa cheminée et son dallage.

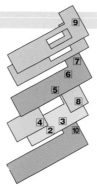

7 Mariakapel

La chapelle Sainte-Marie comporte un petit autel dédié à la Vierge. La statue est l'un des rares objets d'origine conservés dans cette église du XVIIe s.

L'Altération

La révolte des provinces du Nord des Pays-Bas, calvinistes, contre leurs souverains espagnols, les Habsbourg catholiques, commença en 1566, mais Amsterdam attendit 1578 pour rejoindre le camp protestant dirigé par Guillaume d'Orange. L'événement prit le nom d'« Altération » et entraîna l'interdiction pour les catholiques de pratiquer en public. Leur culte resta toutefois toléré en privé. En 1579, l'Union d'Utrecht pose les bases des Provinces-Unies dont est issu le pays actuel.

⑩ Béguinage
Begijnhof

À l'écart de l'agitation de la cité, ouvrant sur une pelouse plantée d'arbres, le Béguinage est un ensemble clos composé d'élégantes demeures, fondé en 1346 pour la communauté des béguines. La dernière de ces religieuses mourut en 1971. Aucun des bâtiments originaux n'a survécu, mais il conserve une maison en bois du XVe s., une église de la même période au clocher médiéval préservé et une ancienne chapelle clandestine.

Façades à pignon décoratif du Béguinage

🍴 Le Café Luxembourg et le Café Hoppe, traditionnels, se trouvent juste au coin de la rue, respectivement à Spui 10 et 18.

⏰ Des messes catholiques ont lieu en néerlandais (t.l.j.) et en français (dim.) dans la chapelle du Béguinage. L'Engelse Kerk accueille des offices protestants en anglais (dim.).

L'Engelse Kerk sert de cadre à des concerts à 12 h.

Vous trouverez des brochures à Het Houten Huis.

• Spui (entr. sur le Gedempte Begijnensloot)
• plan M4
• 020 623 3565
• www.begijnhofamsterdam.nl
• ouv. t.l.j. 9h-17h ; chapelle ouv. lun. 13h-18h30, mar.-ven. 9h-18h30, sam.-dim. 9h-18h
• EG.

À ne pas manquer

1. Engelse Kerk
2. Chapelle du Béguinage
3. Het Houten Huis
4. Cour aux Plaques murales
5. Maison de la mère supérieure
6. Maisons des XVIIe et XVIIIe s.
7. Statue d'une béguine
8. Béguine dans le caniveau
9. Plaque murale du no 19
10. Entrée du Spui

1 Engelse Kerk
Le lieu de culte des béguines avant l'Altération *(p. 21)* fut confisqué en 1578 et loué en 1607 à un groupe de presbytériens anglais et écossais. La construction du bâtiment *(ci-dessous)* remonte au début du XVe s.

2 Chapelle du Béguinage
Dans la 1re église clandestine d'Amsterdam *(p. 20-21)*, aménagée en 1665 dans 2 maisons ordinaires, les fidèles continuent de commémorer le « miracle d'Amsterdam » *(p. 38)*.

3 Het Houten Huis
Au no 34 se dresse la plus vieille maison d'Amsterdam *(ci-dessous)*, l'une des 2 dernières à façade en bois, ce matériau ayant été interdit pour la construction en 1521 afin de réduire les risques d'incendie.

4 Cour aux Plaques murales

Derrière Het Houten Huis, un mur porte une collection de plaques jadis apposées sur les façades de maisons aujourd'hui démolies. Leurs thèmes bibliques témoignent de la vocation religieuse des habitantes du lieu.

5 Maison de la mère supérieure

Au XXe s., les dernières béguines du Béguinage habitaient ensemble dans l'ancienne demeure de la mère supérieure, au no 26.

Plan du Béguinage

6 Maisons des XVIIe et XVIIIe s.

Plusieurs incendies ayant ravagé le site, la plupart des demeures actuelles datent des XVIIe et XVIIIe s. Elles possèdent en général des façades étroites, des fenêtres à guillotine et des pignons pointus ou à cou. Le Begijnhof a conservé sa vocation d'hébergement collectif, et une centaine de femmes célibataires occupent ces maisons.

7 Statue d'une béguine

La sculpture représente une religieuse vêtue de la *kalie* (coiffe) traditionnelle et d'une longue robe de toile écrue.

8 Béguine dans le caniveau

Pour racheter la conversion au protestantisme de sa famille, Cornelia Arents demanda par testament à ne pas être enterrée dans l'église, mais dans un caniveau. Laissé dans le sanctuaire le 2 mai 1654, son cercueil fut retrouvé le lendemain à l'extérieur, où elle fut finalement inhumée. Une plaque marque l'endroit.

9 Plaque murale du no 19

Ce beau relief *(ci-dessus)* montre Jésus, Marie et Joseph rentrant d'Égypte en Israël après la mort d'Hérode.

10 Entrée du Spui

L'entrée du public se trouve sur le Gedempte Begijnensloot ; mais ne manquez pas de jeter un coup d'œil discret sur le joli passage voûté et carrelé qui mène à la placette du Spui.

Le système d'aide sociale

Amsterdam possède une très vieille tradition de charité qui remonte au Moyen Âge et reste d'actualité. Au XIVe s., la responsabilité première de l'assistance aux démunis passa de l'Église aux autorités municipales. Celles-ci distribuaient de la nourriture aux pauvres et créèrent des institutions d'accueil des orphelins, des malades et des aliénés. Au XVIIe s., de riches marchands financèrent la construction d'hospices entourant une cour : les *hofjes*. Quelques-uns continuent de remplir leur fonction originelle de logement social.

Autres hofjes p. 92

🔟 Amsterdam Museum

L'Amsterdam Museum illustre l'évolution de la ville grâce à une riche collection d'objets archéologiques, de vêtements, de bijoux, de cartes, de peintures et de sculptures, que complètent des dispositifs interactifs. Il occupe depuis 1975 les splendides bâtiments du couvent Saint-Lucien, édifié au XVe s. et transformé en orphelinat en 1581. Hendrick et Pieter De Keyser lui donnèrent de nouvelles ailes au début du XVIIe s., peu avant l'élégant remaniement effectué par Jacob Van Campen en 1634.

Entrée de la Kalverstraat, 1581

🍴 L'entrée de Joost Bilhamer, sur la Kalverstraat, abrite le Café Mokum.

✪ Une visite préalable du musée aide à comprendre la ville quand on se lance à sa découverte.

« L'ADN d'Amsterdam » en 45 min est un incontournable (p. 26).

Ne manquez pas la façade en pierre incorporée au mur du musée sur le St Luciënsteeg.

- Kalverstraat 92 ; Sint Luciënsteeg 27
- plan M4
- 020 523 1822
- www. amsterdammuseum.nl
- ouv. lun.-dim. 10h-17h, ferm. 1er janv., 30 avr., 25 déc.
- EP 10 € (6-18 ans 5 € ; EG pour les moins de 6 ans).

À ne pas manquer

1. Vue aérienne d'Amsterdam
2. *Le Gouden Leeuw sur l'IJ à Amsterdam*
3. Globes terrestre et céleste
4. Voiture blanche
5. *Place du Dam*
6. Coquille de burgau
7. *Orphelines se rendant à l'église*
8. *Docteur F. M. Wibaut*
9. *La Leçon d'anatomie du docteur Jan Deijman*
10. Maquette de l'Oosterdok

1 Vue aérienne d'Amsterdam

Le Dam, l'Oude Kerk et la Nieuwe Kerk apparaissent déjà en 1538 sur ce plan de Cornelis Anthonisz.

2 Le Gouden Leeuw sur l'IJ à Amsterdam

Ce tableau de Willem Van de Velde (1886) décrit le Gouden Leeuw, avec une vue sur la rive opposée de l'IJ.

Globes terrestre et céleste

Œuvre de Joan Willemsz Blaeu, cet ensemble rare offre une image des connaissances du XVIIe s. Il représente notamment l'Australie, découverte par Abel Tasman entre 1642 et 1644 *(p. 39)*.

Voiture blanche

Embarquez virtuellement dans une Witkar (« voiture blanche ») de Luud Schimmelpennink. Cet ancêtre du covoiturage a été inventé en 1970. Les voitures électriques se commandent avec une clé magnétique.

Place du Dam

Malgré son traitement impressionniste, ce célèbre tableau (1895-1898) de George Hendrik Breitner offre une vision réaliste de la place.

Coquille de burgau

Cette charmante coquille de *Turbo marmoratus* à la nacre gravée de petits animaux date d'environ 1650 et fut probablement rapportée par la Compagnie des Indes orientales.

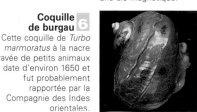

Légende

■ Rez-de-chaussée

■ 1er étage

■ 2nd étage

Orphelines se rendant à l'église

Cette charmante peinture de Nicolaas Van der Waaij (v. 1895) décore l'antichambre de la salle des Régents.

Docteur F. M. Wibaut

Tjipke Visser, sculpteur favori du Parti social-démocrate des travailleurs (SDAP), exécuta en 1934 ce buste de Floor Wibaut. Ce conseiller au Logement entreprit, dans les années 1920, la construction d'immeubles destinés à la classe ouvrière.

Suivez le guide

« L'ADN d'Amsterdam » – l'histoire de la ville, depuis sa fondation comme port de commerce à l'époque contemporaine – se trouve au 1er étage. Au rez-de-chaussée, *Het Kleine Weeshuis* (« Le Petit Orphelinat ») retrace l'ancienne vie du musée, et un espace accueille les expositions temporaires. L'exposition permanente occupe 3 étages. La galerie des Gardes civiques jouxte l'entrée du musée. Sur le St Luciënsteeg, une porte permet l'accès en fauteuil roulant.

La Leçon d'anatomie du docteur Jan Deijman

Un incendie a détruit une grande partie du tableau de Rembrandt en 1723. Il montrait, à l'origine, 8 chirurgiens assistant à la dissection du condamné à mort Black John.

Maquette de l'Oosterdok

Ce modèle réduit de l'écluse de l'Oosterdok date de 1831. La construction de l'ouvrage d'art, dans le cadre d'importants travaux imposés par l'ensablement du port, commença cette année-là.

Autres musées d'Amsterdam **p. 40-41**

25

Gauche **Le nouvel hôtel de ville en construction, place du Dam** Droite **Garde civique**

🔟 Salles de l'Amsterdam Museum

1 Galerie des Gardes civiques

Elle contient un des plus grands tableaux des Pays-Bas : *L'Entrée de Napoléon dans Amsterdam* (1815), de Mathieu Van Brée.

2 Salle des Régents

Les responsables de l'orphelinat se réunissaient dans cette salle du XVIIe s. restaurée dans le style hollandais traditionnel.

Plan du musée

3 Salle 2 : « La ville à pied »

La boue a assuré la conservation de chaussures en cuir des XIVe et XVe s.

4 Salle 4 : « Des temps agités »

Les pièces datant de la fin du XVIe s. comprennent l'armure de fabrication italienne des gardes civiques et de l'argenterie qui échappa à la fonte d'une « monnaie de crise » en 1578.

5 Salle 6 : « Le Dam »

Le pôle de la vie sociale inspira beaucoup de peintures au XVIIe s., dont *La Place du Dam avec le nouvel hôtel de ville en construction* de Lingelbach.

6 Salle 9 : « L'ADN d'Amsterdam »

Cette exposition en 3D propose une visite historique d'Amsterdam en 45 min.

7 Salle 12 : « Le XVIIIe siècle »

Le XVIIIe s. a marqué le déclin d'Amsterdam, puis la défaite de la République vaincue par les Français. La collection de jouets miniatures en argent du XVIIIe s. est un des clous du musée.

8 Salle 15 : « Cabinet du XIXe siècle »

Les riches industriels de l'époque appréciaient les collections d'art. Elles ouvrirent la voie aux acquisitions publiques.

9 Salle 22 : « Amsterdam 1940-1945 »

Divers objets évoquent l'occupation allemande.

10 Salle 24 : « Café 't Mandje »

Le célèbre café du motard Bet Van Beeren sur Zeedijk, le 1er où les homosexuels osèrent s'afficher, a fait l'objet d'une reconstitution minutieuse.

Café 't Mandje

Fleurons du Siècle d'or

1. *La Ronde de nuit* de Rembrandt (1642, Rijksmuseum) *(p. 15)*
2. La Grachtengordel, dessinée par Hendrick Staets (commencée en 1614) *(p. 11)*
3. Museum Ons' Lieve Heer op Soldier (1663) *(p. 20-21)*
4. Westerkerk d'Hendrick De Keyser (1631) *(p .91)*
5. Huis met de Hoofden, parfois attribuée à Pieter De Keyser (1622) *(p.91)*
6. Claes Claeszhofje (1616)
7. Coupe de mariage en argent de Gerrit Valck (1634) *(ci-contre)*
8. Café Hoppe (1670) *(p.85)*
9. Porcelaine de Delft (2nde moitié du XVIIe s.)
10. Burgerzaal, Koninklijk Paleis *(p. 34 et 39)*

Le Siècle d'or

L'essor économique du XVIIe s. permit aux arts de prospérer à Amsterdam. Les autorités municipales décidèrent d'agrandir la ville en perçant 3 canaux concentriques bordés de demeures opulentes, un projet qui requit le travail de nombreux architectes. La perte de pouvoir de l'Église catholique favorisa la représentation de sujets profanes en peinture. De riches mécènes commandèrent des portraits d'eux-mêmes et des membres de leur famille, pour affirmer leur rang et leur fortune. Les meilleurs clients des artistes restèrent néanmoins les institutions municipales comme les corporations ou les gardes civiques, qui commandaient des portraits de groupe, ainsi que des pièces d'argenterie et de verrerie décoratives. Les peintres commencèrent à se spécialiser, que ce soit dans le portrait, les scènes historiques, d'intérieur ou de genre, les natures mortes ou les paysages urbains, ruraux ou maritimes, acquérant souvent un remarquable savoir-faire.

Coupe de mariage en argent

La robe forme une 2nde coupe qui permettait aux jeunes mariés de boire en même temps pendant la noce.

Navires de guerre hollandais de Ludolf Backhuysen

 Autres musées d'Amsterdam **p. 40-41**

Oude Kerk

Le plus vieux monument de la ville, et sa 1re église paroissiale, s'élève sur le site d'une chapelle en bois du début du XIIIe s. détruite par un incendie. Le sanctuaire bâti en 1309 ne possédait qu'une seule nef, mais il est devenu une basilique imposante alliant les styles gothique et Renaissance au cœur de ce qui est aujourd'hui le Quartier rouge (p. 77). Dépouillé de ses peintures et de ses sculptures lors de l'iconoclasme de 1566, il conserve un intérieur austère où ressortent ses vitraux, son plafond doré et ses grandes orgues.

Extérieur de l'Oude Kerk

🍴 Pour vous restaurer, nous vous conseillons In de Waag (Nieuwmarkt 4).

⭐ L'Oude Kerk accueille des offices de l'Église réformée néerlandaise le dimanche à 11 h, des concerts au printemps et en été, et une exposition de photos de presse de fin avril à début juin.

Ne manquez pas les bateaux votifs suspendus au plafond du chœur.

• Oudekerksplein, entrée sud • plan P2
• 020 625 8284 • www. oudekerk.nl • ouv. : lun.-sam. 11h-17h, dim. 13h-17h ; ferm. 1er janv., 25 déc., 30 avr. • EP 5 € (tarif réduit 4 € ; supplément pour les expositions) • vis. guid. sur r.-v. ; vis. de la tour : avr.-sept. sam.-dim. 12h-16h, oct.-mars sur r.-v. (020 689 2565).

À ne pas manquer

1. Grandes orgues
2. Mariakapel
3. Plafond
4. Tombe de Saskia
5. Porte rouge de la sacristie
6. Piliers décorés
7. Miséricordes
8. Flèche
9. Vitraux des Burgemeesters
10. Petit orgue

1 Grandes orgues
Fabriquées par Christian Vater en 1724 et rénovées par Johann Caspar Müller 14 ans plus tard, les grandes orgues possèdent 8 soufflets et 54 tuyaux dorés *(ci-contre)*. Elles jouissent d'une haute réputation. Des figures bibliques ornent le buffet en chêne.

2 Mariakapel
La chapelle Sainte-Marie abrite les plus beaux vitraux. Tous datent du XVIe s. Au-dessus des portraits des donateurs, ils illustrent des scènes de la vie de la Vierge, dont la Dormition *(ci-dessous)*.

3 Plafond
Le plafond voûté en bois serait le plus grand d'Europe occidentale. Sa restauration, en 1955, dégagea les délicates peintures du XVe s. alors recouvertes d'une couche de badigeon bleu.

4 Tombe de Saskia
Saskia Van Uylenburgh, la 1re épouse de Rembrandt, morte en 1642, repose dans la Weitkoperskapel. Sa tombe porte le numéro 29K.

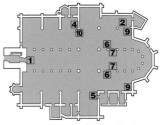

Plan de l'Oude Kerk

5 Porte rouge de la sacristie
Rembrandt franchit cette porte pour se marier. L'inscription signifie « Trop vite marié, longtemps s'en repentira ».

6 Piliers décorés
Ces colonnes portaient, à l'origine, des niches abritant des statues des apôtres. Les iconoclastes les détruisirent. Les peintures des fûts imitaient le brocart, qui n'aurait pas résisté à l'humidité *(à droite)*.

7 Miséricordes
Les choristes s'appuyaient discrètement sur ces consoles du XVe s. quand ils se tenaient debout. Certaines illustrent des proverbes *(ci-contre)*.

8 Flèche
Élevée par Joost Bilhamer en 1565, la flèche de style gothique tardif offre une vue superbe de l'Oude Zijde. Son carillon de 47 cloches date de 1658 et sonne tous les samedis après-midi.

L'iconoclasme de 1566

Douze ans avant l'Altération, la prise du pouvoir par les protestants en 1578 *(p. 21)*, Amsterdam connut une révolte iconoclaste, ou *Beeldenstorm*, menée par des calvinistes. Ceux-ci pillèrent les lieux de culte catholiques et les dépouillèrent de leurs peintures et statues. L'Oude Kerk conserva néanmoins ses vitraux et ses ornements de plafond car ils se trouvaient hors de portée. Les calvinistes chassèrent aussi les mendiants qui se retrouvaient à l'église.

9 Vitraux des Burgemeesters
Les fenêtres qui encadrent le chœur arborent les armoiries des bourgmestres de 1578 à 1807 *(ci-contre)*. L'une fut commencée par De Angelis en 1758, l'autre par Pieter Jansz en 1654.

10 Petit orgue
Cet instrument a conservé les panneaux de l'orgue d'origine (1658), mais le mécanisme a été remplacé en 1965. Il a été accordé selon le « tempérament mésotonique » du XVIIe s.

➤ *Autres églises d'Amsterdam* **p. 42-43**

🔟 Museum Van Loon

Cette ravissante maison de canal sur le Keizersgracht vous replongera dans le XVIIIe s. La famille Van Loon, qui compte parmi ses ancêtres l'un des fondateurs de la Compagnie des Indes orientales en 1602, possède cette maison depuis 1884. L'un de ses descendants l'ouvrit au public en 1973 et lui rendit l'aspect qu'elle avait vers 1750, époque où elle était habitée par le docteur Abraham Van Hagen et son épouse, Catharina Trip. La demeure abrite un somptueux mobilier d'époque et de nombreux souvenirs des Van Loon.

Façade du Museum Van Loon

❒ Vous trouverez un bon choix de cafés sur la Nieuwe Spiegelstraat ou l'Utrechtsestraat.

❂ Le cadre raffiné du Museum Van Loon, agréable pour les adultes, convient mal aux jeunes enfants.

- *Keizersgracht 672*
- *plan E5*
- *020 624 5255*
- *www.museum vanloon.nl*
- *ouv. mer.-lun. 11h-17h*
- *EP 8 € (tarif réduit 6 €)*
- *vis. guid. sur r.-v.*

À ne pas manquer

1 Bâtiment
2 Escalier
3 Galerie de portraits
4 Tableau de mariage
5 Jardin
6 Service de table
7 Collection de pièces d'or
8 Papier peint
9 Portrait de couple
10 Cuisine

Bâtiment
En 1672, Jeremias Van Raey fit construire 2 grandes maisons sur le Keizersgracht. Il en occupa une et loua l'autre, l'actuel Museum Van Loon situé au no 672, à Ferdinand Bol, le disciple le plus célèbre de Rembrandt.

Escalier
Le docteur Van Hagen et sa femme firent installer la balustrade dont le décor incorpore leurs noms. Quand les canaux cessèrent de geler régulièrement, la luge du XVIIIe s., dans l'entrée, trouva un nouvel usage comme porte-plantes.

Galerie de portraits
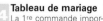
Dans toute la maison, des tableaux retracent l'histoire des Van Loon.

Tableau de mariage
La 1re commande importante de Jan Molenaer à Amsterdam montre toute la famille réunie. La mariée épouse un veuf et tient son beau-fils par la main. La chaise renversée symbolise l'absence d'un frère décédé.

5 Jardin

Aménagé dans les années 1970 selon un plan de la propriété remontant à 1700, le jardin s'étend devant la façade néoclassique de l'ancienne maison des équipages *(ci-dessous)*. Celle-ci abrite des calèches des Van Loon, des livrées et des expositions.

Légende

■	Rez-de-chaussée
■	1er étage
■	2e étage

6 Service de table

De la porcelaine hollandaise du XVIIIe s. et de Limoges du XIXe s. pare la salle à manger.

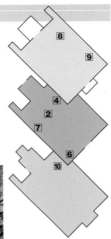

7 Collection de pièces d'or

Les 5 couples de la famille Van Loon qui ont célébré leurs noces d'or ont fait frapper des pièces célébrant l'événement.

8 Papier peint

Les papiers peints à la main représentant des ruines et des bâtiments antiques connurent une grande popularité au XVIIe s.

9 Portrait de couple

Ce tableau peint par J. F. A. Tischbein en 1791 se trouve dans la chambre du maître. Typique du Siècle des lumières, il montre les 2 époux liés par l'amour, mais aussi le sens du devoir.

Cuisine 10

Une restauration a rendu à la cuisine, située en sous-sol, l'aspect qu'elle avait sur une photo de 1900.

Suivez le guide

Les visiteurs sont accueillis comme des invités dans une résidence privée et laissés libres de se déplacer à leur guise dans la demeure, y compris sur les tapis. Le jardin et la maison accueillent souvent des expositions temporaires d'art moderne.

TOP10 Maison d'Anne Frank
Anne Frank Huis

Cette modeste maison témoigne de la tragédie des familles juives Frank et Van Pels, qui se cachèrent en 1942 dans une annexe secrète du commerce d'Otto Frank pour échapper aux rafles des nazis. Elles y vécurent 25 mois, avant d'être dénoncées et déportées en août 1944. Seul Otto survécut. À son retour, il trouva le journal tenu pendant cette période de clandestinté par sa fille Anne, morte à 15 ans dans le camp de concentration de Bergen-Belsen.

Façade du nº 263 Prinsengracht

☕ Le café offre une belle vue de la Westerkerk.

🕐 Réservez en ligne pour éviter une trop longue attente.

Soyez prudent dans la maison car les escaliers sont raides et étroits.

La visite est très émouvante. Prévoyez ensuite quelque chose de contemplatif : la flèche de la Westerkerk ou marcher jusqu'aux îles occidentales.

• Prinsengracht 263 (entr. au 267)
• plan L2
• 020 556 7105
• www.annefrank.org
• ouv. : mi-sept.-mi-mars t.l.j. 9h-19h (21h le sam.) ; juil.-août t.l.j. 10h-22h ; mi-mars-mi-sept. t.l.j. 9h-21h (22h le sam.). Ferm. Yom Kippour
• EP 8,50 € (moins de 17 ans 4 € ; EG pour les moins de 10 ans) • PAH.

À ne pas manquer

1. Entrepôt
2. Bureaux
3. Bibliothèque
4. Annexe secrète
5. Chambre d'Anne
6. Chambre de Peter
7. Grenier
8. Salle du Journal
9. Salle Otto Frank
10. Salle d'exposition

1 Entrepôt
Otto Frank produisait de la pectine pour la fabrication de confitures et de mélanges d'épices. L'annexe où se cachaient les familles se trouvait au-dessus de l'entrepôt, et celles-ci devaient faire très attention à ne pas être entendues.

2 Bureaux
La visite se poursuit dans les bureaux d'Otto Frank et des employés qui aidèrent la famille Frank à se cacher, ainsi que celle de son associé Hermann Van Pels. Dans le journal d'Anne, les Van Pels devinrent « les Van Daan ».

3 Bibliothèque
Une bibliothèque montée sur charnières dissimulait l'entrée de l'annexe. Comme l'écrivit Anne : « Personne n'aurait jamais pu soupçonner qu'il pouvait y avoir tant de pièces cachées derrière... »

4 Annexe secrète
L'espace exigu où 8 personnes se serrèrent pendant tant de mois est resté vide de meubles, tel que le laissèrent les Allemands. Sur un mur, des traits de crayon marquent la croissance d'Anne et de sa sœur Margot.

5 Chambre d'Anne
Les murs portent toujours les photos des idoles de la jeune fille. Celle-ci dut, à un moment, partager sa chambre avec un dentiste appelé Fritz Pfeffer, sa sœur Margot s'installant avec leurs parents.

Légende du plan
- Rez-de-chaussée
- 1er étage
- 2e étage
- 3e étage
- Grenier

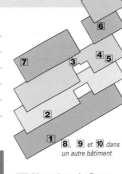

8, 9 et 10 dans un autre bâtiment

6 Chambre de Peter
Le petit refuge de Peter Van Pels se trouvait sur le palier menant au grenier. Anne et lui y passèrent beaucoup de temps à discuter.

7 Grenier
Le destin de chaque membre du groupe y est retracé. Anne et Margot moururent 1 mois avant la libération de Bergen-Belsen.

9 Salle Otto Frank
Découvrez une interview d'Otto Frank datant de 1967 et des documents de sa collection personnelle. Les pages de son journal rédigées au retour d'Auschwitz sont particulièrement poignantes.

8 Salle du Journal
Outre son journal quotidien, Anne écrivit des nouvelles et nota des idées de roman. Elle commença également à corriger son journal dans l'idée d'en tirer un livre intitulé *L'Annexe secrète*.

10 Salle d'exposition
Dans cet espace multimédia, une reconstitution vidéo relate les problèmes inhérents à la vie de 8 personnes qui se cachent.

Le Journal d'Anne Frank
Le jour de l'arrestation des Frank, une employée, Miep Gies, trouva le journal d'Anne. Elle le donna à Otto à son retour d'Auschwitz, et il en fit publier une transcription aux Pays-Bas en 1947. Le livre connut un succès mondial après sa parution en Grande-Bretagne et aux États-Unis en 1952. Traduit dans plus de 70 langues, il a été vendu à plusieurs dizaines de millions d'exemplaires. Le musée accueille plus de 1 million de visiteurs par an.

Autres sites juifs d'Amsterdam p. 48-49

33

Place du Dam
De Dam Plein

Cœur d'Amsterdam, « le Dam » occupe l'emplacement de la digue (Dam en néerlandais) sur l'Amstel qui, au Moyen Âge, donna son nom à la cité (p. 11). Ses bâtiments, dont la Nieuwe Kerk et le Koninklijk Paleis, retracent six siècles d'architecture. Site de l'hôtel de ville et proche de la Bourse, la place devint au XVIIe s. le pôle de la vie politique et commerciale de la cité. Elle a depuis perdu un peu de sa grandeur, mais rien de son pittoresque ni de sa vitalité.

Cabriolet à cheval près du Nationaal Monument

De Bijenkorf abrite des cafés. Celui de la Nieuwe Kerk possède une terrasse dominant la place.

La Nieuwe Kerk accueille des concerts, des conférences et des expositions.

• *Plan M3, N3*
• *Koninklijk Paleis : www.paleisamsterdam. nl, 020 620 4060, EP 7,50 € (5-18 ans 3,75 € ; séniors et étudiants 6,50 € ; EG pour les moins de 5 ans)*
• *Nieuwe Kerk : pdt les expositions ouv. t.l.j. 10h-17h, 020 626 8168, www.nieuwekerk.nl, EG*
• *Madame Tussauds Amsterdam : immeuble Peek & Cloppenburg, 020 522 1010, www. madametussauds.nl, ouv. t.l.j. 10h-17h30, ferm. 30 avr., EP 21 € (5-15 ans 17 € ; EG pour les moins de 5 ans).*

À ne pas manquer

1. Koninklijk Paleis
2. Nieuwe Kerk
3. Nationaal Monument
4. Madame Tussauds Amsterdam
5. Damrak
6. De Bijenkorf
7. Rokin
8. Kalverstraat
9. Grand Hotel Krasnapolsky
10. Manifestations de rue

Koninklijk Paleis
L'ancien hôtel de ville bâti dans le style classique par Jacob Van Campen affirmait la puissance de la cité au XVIIe s. *(ci-dessus)*. Il accueille des manifestations officielles.

Nieuwe Kerk
Entreprise en 1408, la Nouvelle Église accueille aujourd'hui des expositions. Elle conserve un buffet d'orgue dessiné par Jacob Van Campen et une chaire sculptée par Albert Vinckenbrinck *(p. 42)*.

Nationaal Monument
Ce monument aux morts mesure 22 m de hauteur *(ci-dessus et au centre)*. Dans le mur, des urnes contiennent de la terre des provinces et des anciennes colonies néerlandaises.

4 Madame Tussauds Amsterdam

Ce musée de mannequins de cire d'Amsterdam propose des scènes animées illustrant l'histoire des Pays-Bas. Les situations vont du fascinant au bizarre.

5 Damrak

Canal emprunté au Moyen Âge par les navires qui déchargeaient au Dam, le Damrak fut comblé en 1612. C'est aujourd'hui une rue piétonnière et commerçante très animée.

Plan de la place du Dam

6 De Bijenkorf

Le grand magasin le plus connu de la ville offre, entre autres, un large choix de parfums et de vêtements.

7 Rokin

Cette avenue connut son âge d'or au XIXe s., quand les riches Amstellodamois venaient y parader.

8 Kalverstraat

Les magasins de musique et de vêtements abondent côté Dam dans cette rue piétonnière.

9 Grand Hotel Krasnapolsky

Dans les années 1870, un ambitieux tailleur polonais baptisé Adolf Wilhelm Krasnapolsky transforma la miteuse Nieuwe Poolsche Koffiehuis en un hôtel de luxe (ci-dessous).

10 Manifestations de rue

Depuis que J. Cabalt y présenta ses marionnettes en 1900, le Dam sert de cadre à des expositions, des concerts, des foires, des fêtes foraines et des spectacles de rue.

À l'intérieur du Koninklijk Paleis

L'austérité de la façade ne laisse pas présager la somptuosité du décor intérieur, en particulier dans la spectaculaire Burgerzaal (« salle des Bourgeois »). Les visiteurs découvrent de belles sculptures d'Artus Quellien et de Rombout Verhulst, des plafonds peints par des élèves de Rembrandt et des meubles Empire ayant appartenu à Louis Bonaparte.

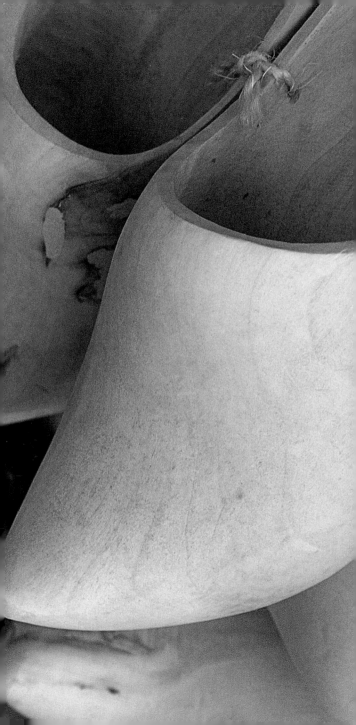

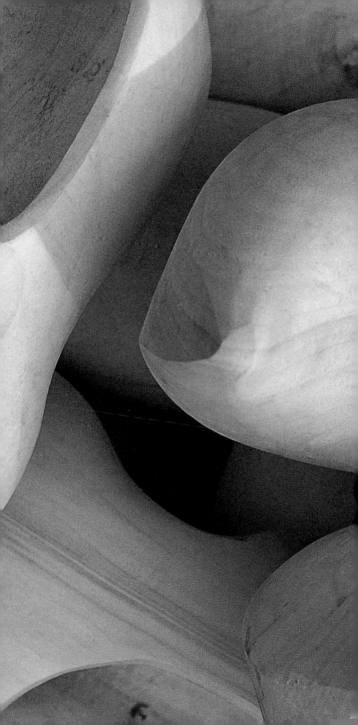

Gauche *L'Arrivée de Napoléon sur la place du Dam* Droite **Affiche de propagande nazie**

TOP 10 Un peu d'histoire

1 Vers 1125 : les origines

Des pêcheurs s'installent à l'embouchure de l'Amstel, élevant des huttes sur des éminences artificielles appelées *terps*. Le village devient l'enjeu de luttes féodales entre les comtes de Hollande et la famille Van Amstel.

2 1275 : exemption de taxe

Dans le plus ancien document évoquant Amsterdam, le comte Floris V de Hollande accorde à ses habitants le droit de traverser ses territoires par voie d'eau jusqu'à La Haye sans verser d'octroi.

3 1345 : miracle d'Amsterdam

Dans une maison de la Kalverstraat, un prêtre donne les derniers sacrements à un mourant qui ne peut avaler l'hostie et la crache dans le feu. On la retrouve intacte le lendemain dans les braises, et la ville devient un but de pèlerinage.

4 1566 et 1578 : iconoclasme et Altération

Philippe II devient le souverain espagnol des Pays-Bas en 1555. Son intolérance religieuse provoque la révolte des calvinistes des provinces du Nord. En 1566, lors du *Beeldenstorm* (iconoclasme), ils dévastent les églises catholiques et détruisent leurs œuvres d'art. En 1578, ils prennent le pouvoir à Amsterdam lors d'une révolution pacifique connue sous le nom d'*Alteratie* (Altération) *(p. 21)*.

5 1609 : projet de la Grachtengordel

À l'aube du Siècle d'or *(p. 27)*, les autorités municipales décident d'un audacieux projet d'agrandissement de la ville : le percement d'une ceinture de 3 canaux *(p. 11)* baptisés Herengracht, Keizersgracht et Prinsengracht. Les travaux ont lieu en 2 tranches commencées en 1613 et 1663.

6 1634-1637 : tulipomanie

Introduite aux Pays-Bas en 1593, la tulipe devient un tel objet de passion que les bulbes sont cotés en Bourse en 1634. Une folle spéculation s'ensuit, mais l'écroulement des cours finit par provoquer de nombreuses faillites.

7 1806 : instauration du royaume de Hollande

Les Français partagent le pouvoir avec des patriotes dans le cadre de la République batave fondée en 1795. Napoléon en prend le contrôle en 1806 et crée le royaume de Hollande. Il installe sur le trône son frère Louis Bonaparte.

Miracle d'Amsterdam

8 1940-1945 : occupation allemande

Malgré la déclaration de neutralité des Pays-Bas, l'Allemagne nazie envahit le pays en mai 1940. La déportation des Juifs à partir de 1942 suscite une résistance active et des journaux clandestins. Des troupes canadiennes libèrent Amsterdam le 5 mai 1945.

9 Années 1960 : manifestations de provos

Le mouvement radical Provo, qui prend son essor au milieu des années 1960, s'oppose à la politique de transport et de logement de la ville. Une manifestation tourne à l'émeute le 10 mars 1966, lors du mariage de la princesse Beatrix avec l'aristocrate allemand Claus Von Amsberg. Les provos gagnent des sièges au conseil municipal, mais leur popularité ne dure pas.

10 2002 : mariage du prince héritier

Le 2 juillet 2002, le prince Willem Alexander épouse Máxima Zorreguieta à la Nieuwe Kerk. Une réception a lieu au Koninklijk Paleis. Le couple a 3 filles : les princesses Catharina-Amalia, Alexia et Ariane, nées respectivement en 2003, 2005 et 2007.

Mariage du prince héritier

Personnalités historiques

1 Guillaume d'Orange
« Guillaume le Silencieux » (1533-1584) dirigea la révolte protestante contre Philippe II.

2 Willem Barentsz
Cet explorateur (1550-1597) échoua dans sa quête du passage du Nord-Est, mais laissa des cartes précieuses.

3 Frederik Hendrik
Habile politicien, le plus jeune fils de Guillaume d'Orange (1584-1647) devint stadhouder en 1625.

4 Pieter Stuyvesant
Stuyvesant (1592-1672) fut le gouverneur de la colonie de Nieuw Amsterdam, future New York, de 1646 à 1664.

5 Abel Tasman
En cherchant à ouvrir de nouvelles routes commerciales avec l'Amérique du Sud, ce navigateur (1603-1659) découvrit la Tasmanie et la Nouvelle-Zélande.

6 Michiel De Ruyter
Cet amiral (1607-1676) incendia la flotte anglaise dans le Medway en 1667.

7 Jan De Witt
Cet homme politique (1625-1672) joua un grand rôle dans les guerres anglo-hollandaises et périt lors d'un soulèvement populaire.

8 Guillaume III
Stadhouder en 1672, Guillaume (1650-1702) devint roi d'Angleterre en 1688.

9 Louis Bonaparte
Le frère de Napoléon Ier (1778-1846) occupa le trône de Hollande de 1806 à 1810.

10 Johan Thorbecke
Premier ministre libéral (1798-1872), il fut l'architecte de la Constitution de 1848.

Gauche **Rijksmuseum** Droite **Nederlands Scheepvaart Museum**

🔟 Musées

1 Rijksmuseum
Le Musée national possède, entre autres, la plus riche collection au monde de peintures hollandaises du XVIIe s. ainsi que des œuvres allant du Moyen Âge au XXe s. *(p. 12-15)*.

2 Van Gogh Museum
Outre des tableaux majeurs de toutes les périodes du peintre, l'exposition présente des œuvres de ses contemporains qu'il appréciait *(p. 16-19)*.

3 Amsterdam Museum
Dans un ancien couvent, devenu un orphelinat, documents, objets, œuvres d'art et dispositifs interactifs retracent l'histoire de la capitale néerlandaise, notamment au Siècle d'or *(p. 24-27)*.

Stedelijk Museum

4 Museum Ons' Lieve Heer op Solder
Cette maison de canal conserve un décor intérieur bourgeois du XVIIe s. et abrite dans ses combles une église catholique cachée, magnifiquement préservée *(p. 20-21)*.

5 Stedelijk Museum
Après une vaste campagne de rénovation, le Stedelijk Museum a rouvert en 2012. L'aile conçue par les architectes Benthem et Crouwel agrandit l'espace consacré à la collection unique du musée. Le Stedelijk abrite désormais 1 100 m² de surface d'exposition au sous-sol, un hall des sculptures et la « baignoire » futuriste pour les expositions les plus contemporaines. La boutique et le café donnent sur le Museumplein *(p. 115)*.

6 Maison d'Anne Frank
La maison où la jeune Anne Frank se cacha avec sa famille pour échapper aux nazis est devenue un musée très émouvant malgré sa simplicité *(p. 32-33)*.

7 Museum Van Loon
La famille Van Loon a rendu à cette maison de canal un aménagement intérieur typique du XVIIIe s. *(p. 30-31)*.

Amsterdam Museum

Amsterdam thème par thème

8 Museum Willet-Holthuysen

Le visiteur peut ici, comme dans le Museum Van Loon, avoir un aperçu du mode de vie des riches marchands qui occupaient les plus somptueuses demeures bordant les canaux. Construite en 1685 et occupée jusqu'en 1895, la

Museum Het Rembrandthuis

maison a été en partie restaurée dans le style du xVIIIe s. *(p. 107)*.

9 Het Scheepvaartmuseum

Le Musée maritime néerlandais possède la plus riche collection au monde consacrée à la navigation. Il occupe, depuis 1973, l'imposant arsenal construit pour l'Amirauté par Daniel Stalpaert en 1656, à l'apogée de la puissance navale des Pays-Bas. Exposés par ordre chronologique, bateaux, armes, peintures et objets divers illustrent l'histoire maritime du pays. Quatre années de rénova-

tions importantes l'ont rendu plus convivial grâce à des expositions interactives et des activités pour enfants *(p. 123)*.

10 Museum Het Rembrandthuis

Cette maison de Rembrandt est celle où il vécut pendant ses années de prospérité (1639-1658). Une restauration lui a rendu l'aspect qu'elle avait à l'époque : on a désormais l'impression de se déplacer dans un tableau avec ses pièces dallées de noir et blanc, meublées de lits clos et décorées de toiles de contemporains de Rembrandt. Son atelier et la salle consacrée à ses eaux-fortes sont les deux temps forts de la visite. Ses gravures font désormais l'objet d'une exposition permanente par rotation. La plupart témoignent de la compassion de Rembrandt pour les gens du peuple, les mendiants et les musiciens de rue. Au sous-sol est projeté un document vidéo sur la restauration de la maison *(p. 77)*.

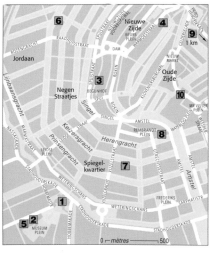

Gauche **Noorderkerk** Droite **De Krijtberg**

🔟 Églises

1 Oude Kerk
La plus ancienne des églises d'Amsterdam *(p. 28-29)*.

2 Nieuwe Kerk
Construite quand l'Oude Kerk devint trop petite pour la congrégation, la Nouvelle Église fut incendiée en 1645. Sa partie la plus ancienne, le chœur, date du début du XVe s. *(p. 34 et 83)*.

3 Westerkerk
Hendrick De Keyser dessina les 3 premiers lieux de culte protestants bâtis après l'Altération *(p. 21)* : la Zuiderkerk, la Noorderkerk et la Westerkerk. Cette dernière possède la plus haute tour de la ville, ornée à son sommet de la couronne impériale de Maximilien d'Autriche *(p. 91)*.

Zuiderkerk

4 Zuiderkerk
L'« église du Sud », de style Renaissance, dresse toujours fièrement son clocher élaboré, mais elle a perdu sa fonction religieuse en 1929. Depuis la tour, de magnifiques vues de la ville s'offrent à vous.

5 Noorderkerk
La dernière église d'Hendrick De Keyser, entreprise 1 an avant sa mort en 1621 (son fils Pieter en supervisa l'achèvement en 1623), possède un style différent des précédentes. Édifiée pour les pauvres du quartier du Jordaan, c'est un austère bâtiment en brique surmonté d'un clocher discret. Il suit un plan en croix grecque et s'organise autour de la chaire centrale.
⊗ *Noordermarkt 44-48 • plan D2 • ouv. lun., jeu., sam. 11h-13h (aussi ouv. pour des concerts réguliers l'apr.-m., mer. 11h-15h ; avr.-oct. : dim. 12h-17h30) • EG.*

6 Engelse Kerk
Dominant la pelouse arborée du Béguinage *(p. 22)*, cette ravissante église réformée doit son nom d'« église anglaise » aux presbytériens britanniques et écossais qui y exercèrent leur culte après qu'elle fut confisquée aux catholiques en 1578. Une église se dressait déjà sur ce site à la fin du XIVe s.

Orgues Väter-Müller, Oude Kerk

De Krijtberg

7 Consacrée à saint François-Xavier, l'un des fondateurs de la Compagnie de Jésus, et donc officiellement appelée Franciscus Xaveriuskerk, De Krijtberg, comme beaucoup d'églises catholiques d'Amsterdam, est plus connue par son surnom, qui signifie « colline de craie ». Dessinée en 1884 par Alfred Tepe, elle occupe le site d'une chapelle jésuite clandestine. Édifice néogothique aux tours élancées, elle abrite une ornementation beaucoup plus riche que celle des temples protestants. ◎ *Singel 448 • plan M5 • ouv. mar.-jeu., dim. et 30 min avant les offices : lun.-ven. 12h30 et 17h45 ; sam. 12h30 et 17h15 ; dim. 9h30, 11h, 12h30 et 17h15 • EG.*

Mozes en Aäronkerk

8 Cette église néoclassique de 1841 se dresse à l'emplacement d'une ancienne église clandestine cachée sous l'apparence d'une maison de marchand juif. Elle doit d'ailleurs son nom aux deux petites statues de Moïse et d'Aaron qui ornaient jadis la façade de cette demeure. ◎ *Waterlooplein 205 • plan Q5.*

St Nicolaaskerk

9 La congrégation d'*Ons' Lieve Heer op Solder* (p. 20-21) commanda ce sanctuaire dédié au saint patron des marins quand fut rétablie la liberté de culte. L'œuvre néobaroque d'A. C. Bleys possède un intérieur monumental. ◎ *Prins Hendrikkade 76 • plan Q1 • ouv. lun. et sam. 12h-15h, mar.-ven. 11h-16h ; messes lun.-dim. 12h30 • EG.*

St Nicolaaskerk

Waalse Kerk

10 Unique vestige du couvent Saint-Paul, cette église fondée en 1409 doit son nom de « wallonne » aux huguenots qui fuirent les persécutions dans l'actuelle Belgique et se réfugièrent à Amsterdam. Elle leur fut confiée en 1586 pour qu'ils puissent continuer à pratiquer le culte en français. Les orgues datent de 1680 et ont été rénovées par le maître facteur Christian Müller en 1734. Des concerts classiques ont lieu régulièrement. ◎ *Oudezijds Achterburgwal 159 • plan P4.*

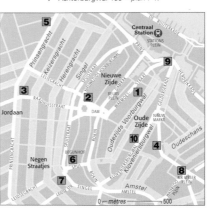

Gauche **Paleis van Justitie** Droite **Erste Hollandsche Verzekeringsbank**

🔟 Bâtiments historiques

1 Schreierstoren
Vestige des fortifications médiévales, la « tour des Pleureuses » compte parmi les plus vieux édifices de la ville *(p. 10)*. 🕙 *Prins Hendrikkade 94-95 • plan Q2.*

2 In 't Aepjen
L'une des 2 dernières maisons à façade de bois d'Amsterdam *(p. 22)*, élevée en 1550, était à l'origine une auberge pour marins. Elle abrite aujourd'hui un bar. Son nom, « Aux singes », viendrait de ce que certains clients payaient avec les animaux qu'ils rapportaient de leurs voyages *(p. 80)*. 🕙 *Zeedijk 1 • plan P2.*

3 Oost-Indisch Huis
Attribué à Hendrick De Keyser, l'ancien siège de la Compagnie néerlandaise des Indes orientales (VOC) date de 1605 et fait désormais partie de l'Université. Il présente sur cour une imposante façade de brique rouge au portail ouvragé. La salle où se réunissaient les maîtres de la VOC a été restaurée. 🕙 *Oude Hoogstraat 24 (entr. sur Kloveniersburgwal 48) • plan P4 • ouv. t.l.j. 9h-21h.*

Moulin De Gooyer

4 Moulin De Gooyer
Si vous avez de la chance, vous verrez peut-être tourner les ailes de ce moulin à farine historique. Construit en 1725, il occupe son emplacement actuel depuis 1814. 🕙 *Funenkade 5 • plan H4.*

5 Pintohuis
Construit en 1651 grâce aux 30 000 florins du marchand portugais Isaac de Pinto, dont il porte aujourd'hui le nom, ce bâtiment possède une imposante façade de style italien et des plafonds peints par Jacob De Wit. Il abrite une antenne de la bibliothèque municipale. 🕙 *Sint Antoniesbreestraat 69 • plan P4.*

6 Trippenhuis
Justus Vingboons donna en 1662 une façade unique, ornée en son centre de fausses fenêtres, aux 2 résidences séparées des puissants frères Trip. Les cheminées en forme de canon rappellent l'origine de leur fortune : la vente d'armes. 🕙 *Kloveniersburgwal 29 • plan P4.*

Schreierstoren

Scheepvaarthuis

West-Indisch Huis

7 C'est au siège de la Compagnie néerlandaise des Indes occidentales (WIC), installé dans un ancien marché aux viandes bâti en 1615, que fut décidée la fondation de New York. La statue de Pieter Stuyvesant surveille toujours la cour *(p. 39)*. ◈ *Haarlemmerstraat 75 (entr. sur Herenmarkt 99)* • *plan D2.*

Paleis van Justitie

8 Jan De Greef acheva en 1829 la transformation de l'ancien orphelinat municipal ouvert en 1666 en palais de justice. ◈ *Prinsengracht 434-436* • *plan K6.*

Erste Hollandsche Verzekeringsbank

9 Le bâtiment édifié en 1905 par Gerrit Van Arkel constitue un bel exemple de *Nieuwe Kunst*, l'Art nouveau néerlandais. Il abrite des bureaux. ◈ *Keizersgracht 174-176* • *plan L2.*

Scheepvaarthuis

10 La forme et le décor de cet immeuble bâti en 1916 par Van der Mey, De Klerk et Kramer rappellent qu'il était destiné aux bureaux de compagnies maritimes ; c'est maintenant un luxueux hôtel. ◈ *Prins Hendrikkade 108* • *plan Q2.*

⟱

Éléments architecturaux

Pignon pointu

1 Het Houten Huis *(p. 22)* possède un pignon typique des premières maisons d'Amsterdam.

Pignon en cloche

2 En vogue à la fin du XVIIe et au XVIIIe s., ce type de pignon est parfois très ouvragé (Prinsengracht 126) et parfois simple (Leliegracht 57).

Pignon en cou

3 Philips Vingboons rendit populaire cet ornement visible au no 145 Oude Turfmarkt.

Pignon à bec

4 Cette variante du pignon pointu est caractéristique de beaucoup d'entrepôts, entre autres à l'Entrepotdok *(p. 9)*.

Pignon à redents

5 Huis op de Drie Grachten *(p. 8)* arbore 3 de ces pignons aux bords crénelés, fréquents entre 1600 et 1665.

Plaque murale

6 Des enseignes sculptées et peintes identifiaient jadis les maisons *(p. 23)*.

Sculptures d'angle

7 Des dauphins, encadraient souvent les pignons, comme au no 119 Oudezijds Voorburgwal.

Masque

8 Oudezijds Voorburgwal 57 présente un ornement Renaissance de ce type.

Corniches

9 À compter de 1690, des moulures commencèrent à remplacer les pignons, notamment sur l'Herengracht.

Fronton sculpté

10 Cet élément décoratif inspiré de l'architecture antique pare des édifices néoclassiques comme le théâtre Felix-Meritis *(p. 100)*.

Gauche *Allégorie de la peinture* de Vermeer Droite *Champ de blé aux corbeaux* de Van Gogh

TOP 10 Peintres hollandais

1 Jan Van Scorel

Après des séjours en Allemagne, à Venise et à Rome, où il étudia les œuvres de Giorgione, Michel-Ange et Raphaël, Jan Van Scorel (1495-1562) rentra à Utrecht en 1524. Il introduisit les techniques de la Renaissance dans les provinces du Nord. Ses portraits allient la rigueur formelle italienne et la délicatesse néerlandaise.

2 Rembrandt Van Rijn

Il fut le plus grand artiste du Siècle d'or *(p. 15)*.

3 Frans Hals

Remarquable par son talent à saisir la personnalité de ses modèles et leurs expressions passagères, Frans Hals (1580-1666) apporta au XVIIe s. une nouvelle dimension au réalisme dans le portrait, comme le montrent les tableaux de gardes civiques exposés au Frans Hals Museum d'Haarlem *(p. 72)*.

4 Johannes Vermeer

On sait relativement peu de chose de la vie de ce natif de Delft (1632-1675) qui hérita du commerce d'art de son père et peignit pour le plaisir. Il acquit une certaine reconnaissance de son vivant aux Pays-Bas, mais son importance fut seulement reconnue à la fin du XIXe s. et repose sur moins de 40 œuvres, principalement des scènes d'intérieur d'une extraordinaire maîtrise de l'espace, de la lumière et de la couleur. Il eut 11 enfants et mourut ruiné. Sa veuve dut refuser sa succession et un boulanger reçut 2 tableaux en remboursement de dettes.

Autoportrait de Rembrandt jeune homme

5 Jan Steen

Auteur prolifique des peintures de genre si populaires au XVIIe s., ce fils de brasseur (1625 ou 1626-1679) fut aussi, à des périodes de sa vie, aubergiste. Dans ses scènes domestiques et de taverne, des symboles comme des bas rouges pour la prostitution, des huîtres pour une liaison sexuelle, ou des coquilles d'œufs brisées pour la mortalité transmettent un message moral.

6 Jacob Van Ruisdael

Né à Haarlem, Jacob Van Ruisdael (1629-1682) resta relativement méconnu de son temps, mais il est aujourd'hui considéré comme l'un des meilleurs paysagistes de l'école hollandaise pour ses compositions empreintes de tension dramatique.

Autres peintures néerlandaises **p. 12-19**

7 Pieter Claesz

La nature morte tint aussi une place de choix dans la peinture hollandaise du XVIIe s. Pieter Claesz (1597-1661) se distingua par son habileté technique. Les détails symboliques abondent dans ses toiles académiques, mais néanmoins harmonieuses.

8 Vincent Van Gogh

Ce génie tourmenté a laissé de très nombreuses œuvres malgré une vie tragiquement écourtée (p. 19).

9 Piet Mondrian

Piet Mondrian (1872-1944) passa une grande partie de sa vie à Paris et à New York, mais naquit et grandit aux Pays-Bas. Membre éminent du mouvement De Stijl, il développa une abstraction ascétique à partir d'éléments tels que lignes droites et couleurs primaires.

10 Karel Appel

Karel Appel (1921-2006) participa en 1948 à la création du mouvement CoBrA qui jouait d'influences expressionnistes, abstraites et surréalistes dans l'intention de redonner à l'art une intensité échappant aux conventions (p. 128). « Je peins comme un barbare en un âge barbare », disait-il. Il émane effectivement de ses tableaux une puissance spontanée.

Enfants et Chien de Karel Appel

Grandes figures littéraires

1 Érasme

Le célèbre humaniste (v. 1469-1536) fut l'ami de Thomas More, mais non celui de Luther.

2 Grotius

L'auteur de *De jure belli ac pacis* (1583-1645) est considéré comme le « père du droit des gens ».

3 Gerbrant Bredero

De Spaanse Brabander est l'œuvre la plus connue de ce poète et dramaturge satyrique (1585-1618).

4 Joost Van den Vondel

Son style fleuri établit la réputation de l'auteur de *Gijsbrecht Van Amstel* (1586-1679).

5 Jan Six

Rembrandt peignit le portrait de ce poète et dramaturge (1618-1700).

6 Baruch Spinoza

Ses opinions valurent à ce philosophe (1632-1677) d'être exclu de la communauté juive.

7 Multatuli

Eduard Douwes Dekker (1820-1887) adopta ce nom de plume pour dénoncer la corruption coloniale dans son roman *Max Havelaar*.

8 Anne Frank

Le journal tenu par cette jeune victime de l'Holocauste (1929-1944) a été lu par des millions de lecteurs.

9 Gerard Reve

Son homosexualité et le catholicisme marquent l'œuvre de ce romancier (1923-2006).

10 Cees Nooteboom

Le registre de cet homme de lettres prolifique (né en 1933) s'étend du poignant à l'expérimental.

Gauche **Joods Historisch Museum** Droite **Jodenbuurt**

Sites et monuments juifs

1 Maison d'Anne Frank
La maison où la famille Frank se cacha pendant 25 mois, et où la jeune Anne écrivit le journal qui devait donner au monde une conscience concrète des persécutions subies par les Juifs, est devenue un musée très fréquenté *(p. 32-33)*.

2 Joods Historisch Museum
Ce musée remarquable illustre, notamment par des œuvres d'art, tous les aspects du judaïsme et de la culture des Juifs qui s'implantèrent aux Pays-Bas. L'industrie du diamant et le drame de la déportation font partie des thèmes développés par l'exposition *(p. 78)*.

3 Portugees-Israëlitische Synagoge
La synagogue portugaise bâtie en 1675 par Elias Bouman reste au cœur de la vie de la petite communauté séfarade d'Amsterdam. Sous les voûtes en bois du plafond, plus de 1 000 bougies éclairent l'intérieur *(p. 78)*.

4 Jodenbuurt
Les premiers juifs qui arrivèrent à Amsterdam, à la fin du XVIe s., s'installèrent dans un quartier sans relief à l'est de l'Oude Zijde, autour de l'actuelle Waterlooplein. La rénovation urbaine de l'après-guerre et la construction du métro ont défiguré le cœur du Jodenbuurt, mais quelques synagogues, des ateliers de diamantaires et des marchés ont subsisté. ◈ *plan Q5*

5 De Dokwerker
La statue en bronze (1952) de Mari Andriessen rend hommage aux dockers et aux employés des transports qui se mirent en grève en 1941 pour protester contre l'arrestation de 450 Juifs après un attentat contre un sympathisant nazi. L'événement est commémoré tous les ans le 25 février. ◈ *Jonas Daniel Meijerplein • plan Q5.*

De Dokwerker

6 Hollandsche Schouwburg
Un mémorial aux victimes de la déportation occupe les ruines du théâtre qui servit de centre de rassemblement des Juifs pendant la guerre *(p. 125)*.

Hollandsche Schouwburg

Amsterdam thème par thème

Intérieur du Theater Tuschinski

Theater Tuschinski
L'ancien théâtre construit en 1921 pour Abraham Tuschinski, un émigré juif qui mourut à Auschwitz, possède un intérieur où se mêlent style Art déco et influences orientales *(p. 108)*.

Monument Ravensbrück
Ce mémorial est dédié aux femmes qui périrent dans le camp de Ravensbrück (1975). Les sons et les lumières émis par le pilier central le rendent particulièrement troublant.
⊗ *Museumplein • plan C6.*

Verzetsmuseum Amsterdam
Le musée de la Résistance néer-landaise propose des projections audiovisuelles et une exposition de documents et d'objets illustrant la lutte clandestine des Néerlandais pendant l'occupation allemande *(p. 124)*.

Nooit Meer Auschwitz
Sur le site où est enterrée une urne contenant les cendres de déportés morts à Auschwitz, Nooit Meer Auschwitz *(Jamais plus d'Auschwitz)*, le monument conçu par Jan Wolkers, tranche sur son environnement bucolique. Les miroirs brisés dans lesquels se reflète le ciel symbolisent les dommages irréparables causés à l'humanité par l'Holocauste.
⊗ *Wertheimpark • plan R5.*

Dates-clés

1 1592
Arrivée des premiers Juifs séfarades fuyant l'Inquisition en Espagne et au Portugal, et attirés par la tolérance religieuse d'Amsterdam.

2 Années 1630
Des Juifs ashkénazes venus d'Europe centrale (principalement de Pologne et d'Allemagne) commencent à s'installer.

3 1796
La République batave de Napoléon accorde l'égalité des droits civiques.

4 1860
L'essor d'Amsterdam attire des Juifs d'Anvers.

5 1932-1937
Alors que le Parti nazi d'Anton Mussert gagne des adeptes, des Juifs émigrent par vagues de l'Allemagne hitlérienne.

6 1941
En février, 9 mois après l'invasion allemande, les dockers se mettent en grève pour protester contre la rafle de 450 Juifs.

7 1942
Début de la déportation dans les camps de la mort. Beaucoup de Juifs, dont la famille Frank, se cachent. 5 000 seulement survivront sur les 80 000 que comptait Amsterdam avant la guerre.

8 1945
Des Canadiens libèrent la ville le 5 mai.

9 1947
Publication du *Journal* d'Anne Frank *(p. 32-33)*.

10 1975
Violentes protestations au Nieuwmarkt contre la démolition du Jodenbuurt, l'ancien quartier juif.

Gauche **Het Blauwe Theehuis** Droite **De Taart Van M'n Tante**

TOP 10 **Cafés**

1 De Jaren
Ce spacieux café sur plusieurs niveaux semble fait de bois, d'air, de verre et de lumière. Feuilletez la presse internationale à la table de lecture, remplissez votre assiette au buffet de salades, ou prenez le soleil sur l'une des plus agréables terrasses en ville *(p. 86)*.

Café De Jaren

2 Royal Café De Kroon
Célébrant le couronnement de la reine Wilhelmine en 1898, ce café respire l'élégance, avec une note d'éclectisme. Rénové, il offre des fauteuils bien rembourrés et un vaste balcon. Le restaurant est une des meilleures tables néerlandaises et internationales de la ville, à un prix abordable. Cocktails et « soirées salsa » le mercredi et le dimanche. Un DJ officie le jeudi, le vendredi et le samedi soir. ⊗ *Rembrandtplein 17 • plan N6 • 020 625 2011 • www.dekroon.nl*

3 Greenwoods
Faites une pause dans ce charmant salon de thé à l'anglaise. De copieux petits déjeuners servis à toute heure, des thés raffinés accompagnés de gâteaux à la crème et une excellente sélection de boissons chaudes font de Greenwoods une adresse appréciée *(p. 86)*.

4 De Bakkerswinkel
Des thés subtils, des sandwichs raffinés, de délicieuses pâtisseries et d'appétissantes quiches, tous préparés sur place. L'immense salle à manger occupe un ancien entrepôt à thé.
⊗ *Zeedijk 37 • plan Q2 • 020 489 8000 • Polonceaukade 1 (Westernpark) • 020 688 0632 • www.debakkerswinkel.com*

5 Het Blauwe Theehuis
Au milieu du Vondelpark, le « Salon de thé bleu » est tout à la fois une merveille architecturale des années 1930, une boîte de nuit en vogue et un café à la terrasse très agréable. Restaurez-vous d'un sandwich bien garni, dînez à l'étage, ou arrêtez-vous simplement pour un café en vous promenant dans le parc *(p. 119)*.

6 Walem
Une clientèle élégante vient ici se montrer dans ses plus beaux atours ou siroter une coupe de champagne sur la terrasse au bord du canal. Une pile de magazines l'aide à passer le temps *(p. 102)*.

7 De Taart Van M'n Tante
« La Tarte de ma Tante » est le salon de thé le plus kitsch de la ville. Il est tenu par des chefs pâtissiers qui approvisionnent l'élite d'Amsterdam. ✪ *Ferdinand Bolstraat 10 • plan D6 • 020 776 4600.*

8 Pacific Parc
Installé dans un grand bâtiment industriel, sur le site d'une ancienne usine de gaz, ce café propose un accès Wi-Fi, un salon ouvert pour l'hiver et une terrasse donnant sur le canal pour l'été. Des DJ s'y produisent du mercredi au dimanche. ✪ *Polonceaukade 23 • plan C1 • 020 488 7778 • €€€.*

9 1e Klas
Quelques minutes passées dans l'ancienne salle d'attente de 1re classe de Centraal Station suffisent pour remonter dans le temps jusqu'au XIXe s. Le brouhaha de la gare participe à l'ambiance. ✪ *Quai 2b, Amsterdam Centraal Station, Stationsplein • plan P1 • 020 625 01 31.*

10 Tis Fris
À quelques pas du marché aux puces de Waterlooplein *(p. 63)*, ce café clair et spacieux sert de bonnes quiches, salades et soupes, ainsi que des alcools. ✪ *St Antoniesbreestraat 142 • plan Q4 • 020 622 0472 • €.*

1e Klas, Centraal Station

Types de cafés

1 Bruin Café
Les cafés bruns offrent un cadre suranné, chaleureux et enfumé, où l'on boit de la bière en discutant.

2 Grand Café
Aussi appelés « cafés blancs », ces établissements sont plus clairs, plus spacieux et plus modernes.

3 Eetcafé
Un *eetcafé* permet de se restaurer de sandwichs, de salades et de plats simples.

4 Lieux branchés
Certains cafés mettent en avant leur décor commandé à des designers pour attirer une clientèle branchée.

5 Cafés musicaux
Des groupes ou des DJ s'y produisent régulièrement en soirée *(p. 54-55)*.

6 Cafés de joueurs
Les adeptes du billard, des échecs, des fléchettes ou des jeux de plateau disposent d'établissements entiers dédiés à leur passion.

7 Salons de thé
Ils ne servent parfois pas d'alcool, mais seulement du thé, du café et de fabuleuses pâtisseries...

8 Nachtcafés
Ces cafés restent ouverts jusqu'au petit matin, mais mieux vaut les aborder avec prudence : certains sont un peu sordides.

9 Cafés gays
Haut de gamme ou cuir, les célèbres cafés homosexuels d'Amsterdam répondent à tous les goûts.

10 Coffee-shops
La fumée de cannabis monte ici plus souvent à la tête des clients que les vapeurs d'alcool.

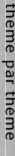

→ *Autres cafés* **p. 80-81, 86-87, 94, 97, 105, 113, 118-119**

Gauche **Freddy's Bar** Droite **Getto**

TOP 10 Bars

1 EVE
Aménagé comme le hall d'un grand hôtel, avec ses banquettes en cuir, ses boiseries sombres et sa cheminée ouverte et allongée, EVE sert de nombreux en-cas délicieux et exotiques, comme des brochettes d'agneau et des tempuras végétariennes. Le mercredi, sirotez un *toffee* Martini lors du « cocktail EVE ». DJ du mer. au dim. ✪ *Reguliersdwarsstraat 44 • plan M6 • 020 221 7070 • www.eve-amsterdam.com*

2 Brouwerij 't IJ
Adjacente à un moulin à vent de 1814 et hébergée à l'intérieur d'anciens bains-douches, cette micro-brasserie produit une excellente bière locale. Le barman propose une visite de la brasserie tous les après-midi. Vous pourrez déguster des bières de saison et profiter de la terrasse ensoleillée jusqu'à 20 h. ✪ *Funenkade 7 • plan H4 • 020 622 8325 • ouv. t.l.j. 15h-20h.*

3 The Minds
Vieux bar punk, avec ses godillots et ses skateboards fatigués suspendus aux poutres, The Minds tranche avec la scène branchée. Bonne bière et musique à plein volume. Une table de billard vous attend, si vous voulez défier les habitués. ✪ *Spuistraat 245 • plan M4 • 020 623 6784.*

4 Barney's Uptown
L'élégant Barney's Uptown, de la chaîne de cafés Barney's, propose une vaste sélection de bières et des cocktails spectaculaires. Lors de la Ladies' Night le jeudi après 19 h, le vin et les cocktails sont à moitié prix. Fumeurs acceptés. ✪ *Haarlemmerstraat 105 • plan D2 • 020 427 9469.*

5 Prik
Le nom de ce bar gay très populaire signifie «boisson gazeuse » en néerlandais, car elles sont ici servies à la pompe. Le cocktail « Spicy mango » est apprécié des touristes et des locaux (en majorité). La pinte est bon marché le lundi ; les vendredi et samedi, des DJ diffusent de la house et de la pop music dans un décor de néons multicolores. ✪ *Spuistraat 109 • plan M2 • 020 320 0002 • www.prikamsterdam.nl*

XtraCold

Autres bars p. 80, 86-87, 94, 97, 102, 110, 118

Wijnand Fockink

aux néons criards du Quartier rouge. Les propriétaires veulent en faire une « zone d'attitude libre », avec une clientèle gay ou non. Le résultat est un bar très agréable. Un menu rustique est servi le soir *(p. 86)*.
🏶 *Warmoesstraat 51 • plan P2*
• 020 421 5151 • www.getto.nl

Freddy's Bar
Repaire favori de feu Alfred « Freddy » Heineken, Freddy's Bar attire les stars qui investissent ses banquettes en cuir pour profiter des cocktails, des tapas et de la musique *live*. 🏶 *Hotel De l'Europe, Nieuwe Doelenstraat 2-14 • plan N5 • 020 531 1707.*

Café De Koe
On déguste en bas une cuisine simple, mais bonne. En haut, on se serre épaule contre épaule autour du comptoir. Commandez une bière et vous vous retrouverez immédiatement pris dans une agréable ambiance de bar de quartier légèrement tapageur. 🏶 *Marnixstraat 381 • plan K6 • 020 625 4482.*

Wijnand Fockink
Les *procflokalon*, ou « maisons de dégustation », étaient à l'origine spécialisées dans un type de boisson : bières, vins ou genièvres. Chaleureuse avec ses tonneaux contre les murs, celle-ci fut fondée il y a près de 4 siècles *(p. 80)*.

XtraCold
XtraCold propose une expérience de froid polaire en 4D (un film en 3D avec des effets spéciaux, comme du vent qui souffle dans vos cheveux) à − 10 °C. Il faut réserver en ligne pour accéder au bar et, pour 20 €, vous pourrez rester 45 min dans cet environne- ment de glace, avec des films, vêtements chauds, gants et lunettes, plus une boisson. Retrouvez vos esprits dans le lounge chaleureux, où sont servis tapas et cocktails. 🏶 *Amstel 194-196 • plan P6 • 020 320 5700 • www.extracold.com*

Getto
Getto est une alternative bienvenue

➜ *Catégories de prix des restaurants* **p. 81**

Gauche **Winston International** Droite **Paradiso**

TOP 10 Clubs

1 Tonight (Arena Hotel)
Les moins de 30 ans et les clubbers branchés viennent danser au son des meilleurs DJ d'Amsterdam dans cet ancien orphelinat très couru dans la partie est de la ville. Ses 2 étages renferment 2 pistes de danse, des plafonds peints et des arches en marbre. Parmi les soirées phares, « Swingbeatz' » (Urban et R&B) le vendredi soir et « Salsa Lounge » le dernier dimanche du mois.
◈ 's-Gravesandestraat 51 • plan G5
• 020 850 2400 • www.hotelarena.nl

2 Escape
Ce club peut accueillir jusqu'à 1 300 personnes et possède une immense piste de danse et un impressionnant équipement de sonorisation et d'éclairage. Le week-end, il attire une clientèle extérieure à la ville.
◈ Rembrandtplein 11-15 • plan N6
• 020 622 1111 • www.escape.nl

Odeon

3 Odeon
Combinaison surprenante entre architecture historique et style moderne plus sophistiqué, au décor ultra-chic, l'Odeon est idéal pour les soirées privées, dîners et concerts la semaine, et pour sa discothèque le week-end. Le bâtiment datant de 1662 borde l'un des plus charmants canaux de la ville. ◈ Singel 460 • plan M5
• 020 521 8555 • www.odeontheater.nl

4 Melkweg
Ce vaste centre multimédia, installé dans une ancienne laiterie près du Leidseplein, est une des meilleures salles de concert du pays. Une discothèque, les meilleurs DJ, des after-parties, du théâtre d'avant-garde, des films d'art et d'essai, une galerie d'art et une cantine coexistent joyeusement sous le même toit (p. 57).

5 Sugar Factory
Avec ses représentations avant-gardistes, son jazz provocant ou ses nuits électro allemandes, ce club situé près de la Leidseplein propose toujours un impressionnant programme. ◈ Lijnbaansgracht 238
• plan K6 • 020 627 0008
• www.sugarfactory.nl

6 Jimmy Woo
Avec son décor opulent, sa sono dernier cri, son éclairage sophistiqué et sa clientèle VIP, Jimmy Woo est le club le plus glamour d'Amsterdam. ◈ Korte

Leidsedwarsstraat 18
• plan K6 • 020 626 3150
• www.jimmywoo.com

7 Paradiso

Cette ancienne église sert surtout de salle de concert, mais des DJ se mettent aux platines quand les groupes quittent la scène. Soirées à thème très variées, danse marocaine au ciné-club *(p. 105)*.

Sugar Factory

8 Bar Bump

Gay et mixte, kitsch et fun Soirée « Pop-corn » le jeudi : pop-corn et boissons servis sur des skates sur fond de musique pop. Les DJ diffusent de bons grooves, du nu-disco et de l'électro funky le vendredi et le samedi. « Happy Hour » de 18 h à 20 h. Le dimanche, « Happy Landings » : rafraîchissements servis par des « hôtesses de l'air ». Entrée libre. ◈ *Kerkstraat 23* *• plan L6 • www.barbump.nl*

9 AIR

Doté d'une sono et d'un matériel vidéo high-tech, ce club à l'atmosphère intime propose un programme varié pour tous les goûts. ◈ *Amstelstraat 16* *• plan P6 • 020 820 0670 • www.air.nl*

10 Winston International

Une programmation éclectique et inspirée place ce petit lieu rococo un peu au-dessus de tous les autres clubs de la ville. Pour bien débuter la semaine, accourez aux « Cheeky Mondays ». Le club vibre sur un rythme de drum'n'bass jusqu'à 4 h du matin et sur de la musique *live* (du rock'n'roll surtout) 4 soirs par semaine. ◈ *Warmoesstraat 131 • plan N3* *• 020 623 1380 • www.winston.nl*

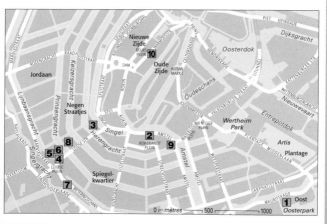

Gauche **Boom Chicago** Droite **Tropentheater**

Salles de spectacle

1 Muziekgebouw aan 't IJ
Ouverte en 2005, la salle de concert la plus moderne d'Amsterdam occupe un emplacement unique sur l'IJ et offre de magnifiques points de vue. Elle abrite 2 auditoriums, l'un de 735 places et l'autre de 125 places, qui programment essentiellement des œuvres contemporaines de qualité. Le café-restaurant, le Zouthaven, possède une jolie terrasse donnant sur le fleuve.
◈ *Piet Heinkade 1 • plan G2 • 020 788 2000 • www.muziekgebouw.nl*

2 Boom Chicago
Cette compagnie américaine propose tous les jours des spectacles satyriques dont les sujets vont des « excentricités » néerlandaises à l'actualité. Le public boit autant qu'il rit : les grandes cruches dans lesquelles est servie la bière changent agréablement des *pilsjes*. Il arrive aussi que des spectateurs soient invités sur scène. Un soir, ce fut le cas de Burt Reynolds.
◈ *Leidseplein Theater, Leidseplein 12 • plan K6 • 020 423 0101 • www.boomchicago.nl*

3 Het Bethaniën-klooster
Ce réfectoire d'un ancien couvent (dédié à sainte Marie de Béthanie) accueille aujourd'hui une salle de concert intime. Sa taille et son acoustique sont idéales pour la musique de chambre et le jazz. De nombreux solistes internationaux et groupes de musique de chambre de premier plan s'y produisent.
◈ *Barndesteeg 68 • plan P3 • 020 625 0078 • www.bethanienklooster.nl*

4 Koninklijk Theater Carré
Cet ancien cirque d'hiver édifié au bord de l'Amstel en 1894 retouve à l'occasion sa fonction originelle dans le cadre d'une programmation éclectique allant de la prestidigitation à la comédie musicale et au ballet. Un soir d'été, offrez-vous le luxe de siroter une coupe de champagne sur le balcon dominant la rivière *(p. 125)*.

5 Concertgebouw
Les plus grands solistes et ensembles néerlandais et internationaux se produisent régulièrement au siège de l'Orchestre royal, mondialement réputé pour son acoustique. Des concerts gratuits sont donnés le mercredi à midi *(p. 115)*.

Concertgebouw

Stadsschouwburg

9 Het Muziektheater

Ce théâtre moderne, et un temps controversé, compte des membres de la famille royale parmi ses spectateurs réguliers. Siège des compagnies nationales de ballet et d'opéra *(p. 78)*, il propose aussi des créations contemporaines. Les productions prestigieuses, d'opéra notamment, affichent parfois complet des mois à l'avance. Mieux vaut réserver vos places avant votre départ. ✎ *Waterlooplein 22 • plan Q5 • 020 625 5455 • www.het-muziektheater.nl*

6 Melkweg

Ce centre multimédia (la « Voie lactée ») occupe une ancienne laiterie derrière le Stadsschouwburg. Ouvert en 1970, l'endroit offre un large choix de spectacles, incluant musique, films, théâtre et danse. ✎ *Lijnbaansgracht 234 A • plan K6 • 020 531 8181 • www.melkweg.nl*

7 Heineken Music Hall

Le 3e plus grand lieu de concert d'Amsterdam (le plus grand étant l'ArenA, stade de l'équipe de football de l'Ajax) est conçu spécifiquement pour la musique amplifiée. Il jouit d'une excellente acoustique et d'une bonne ambiance lors des concerts. ✎ *Heineken Music Hall, ArenA Boulevard 590 • 0900 687 42 42 • www.heineken-music-hall.nl*

10 Stadsschouwburg

Cet édifice néo-Renaissance (2 fois incendié) abrite le théâtre municipal de la ville. Des troupes de théâtre locales comme la Toneelgroep, ainsi que des compagnies extérieures, foulent ses planches. Le lieu accueille également des spectacles de danse, dont le célèbre festival annuel Julidans (Danse de juillet). ✎ *Leidseplein 26 • plan C5 • 020 624 2311 • www.ssba.nl, www.hollandfestival.nl*

8 Tropentheater

Le musée des Tropiques *(p. 123)* propose un éventail éclectique de spectacles de théâtre et de musique ethniques, ainsi que des films (certains en version originale). ✎ *Maurits-kade 63 / Linnaeusstraat 2 • plan G5 • 020 568 8500 • www.kit.nl*

Gauche *Patat et mayonnaise* Droite *Bitterballen*

🔟 Spécialités culinaires

1 Maatjes Haring

Vendu dans la rue, le hareng frais salé est servi dans une assiette ou dans du pain avec des rondelles d'oignon et des cornichons, mais les gardiens de la tradition renversent la tête en arrière pour l'avaler d'un seul trait en le tenant par la queue. Il est particulièrement savoureux au début de la saison, en mai et en juin. Les Néerlandais l'appellent alors *groene*.

2 Gerookte Paling

Arrosée d'un filet de jus de citron, l'anguille fumée en provenance de l'IJsselmeer est un hors-d'œuvre parfait.

3 Kaas

Les habitants des Pays-Bas consomment en moyenne 14 kg de fromage chaque année. Outre les célèbres gouda et édam, les spécialités comprennent le maasdam au goût plus affirmé et le Friese nagelkaas parfumé au clou de girofle.

4 Bitterballen

Ces beignets de viande accompagnent les boissons alcoolisées ou le café dans les bars. Ils prennent toute leur saveur avec de la moutarde.

5 Hutspot

L'amour porté par les Néerlandais à la pomme de terre s'exprime dans un certain nombre de plats d'hiver consistants. Le *hutspot* associe du bœuf braisé à une purée de pommes de terre et de carottes. Dans le *stamppot boerenkool,* les pommes de terre, écrasées et mélangées à du chou, sont saupoudrées de copeaux de lard et servies avec de la saucisse fumée.

6 Erwtensoep

Très épaisse, cette soupe de pois cassés compte parmi les spécialités néerlandaises trouvées indigestes par certains visiteurs. Habituellement servie avec du pain de seigle et du bacon « cru » fumé. 🚇 *Nieuwezijds Voorburgwal 5 • plan N1.*

Erwtensoep

7 Rijsttafel

Souvenir de l'époque coloniale, la cuisine indonésienne servie à Amsterdam consiste en une *rijsttafel* (« table de riz »), véritable festin comprenant jusqu'à 25 petits plats de viande, poisson et légumes et leurs sauces. Kantijl en de Tijger et Tujuh Maret *(p. 61)* sont d'excellentes adresses pour découvrir cette cuisine. 🚇 *Kantijl en de Tijger : Spuistraat 291 • plan M4.*

Appelgebak

8 Adeptes de la simplicité en cuisine, les Néerlandais font grand cas de la tarte aux pommes, surtout avec de la crème fouettée *(slagroom)*. De l'avis général, Winkel n'a pas d'égal à Amsterdam. ✪ *Winkel : Noordermarkt 43 • plan D2.*

Pannenkoeken

Pannenkoeken

9 Les Amstellodamois ont un faible pour les crêpes épaisses, nappées d'un épais sirop appelé *stroop*, mais les crêperies proposent une étonnante variété de garnitures : la Pancake Bakery *(p. 97)* vous en offrira un bon échantillon. Vous pouvez aussi essayer les *poffertjes*, petites crêpes presque soufflées vendues en été sur les étals de couleurs vives et des kiosques ouverts toute l'année sur la place du Dam et le Leidseplein.

Patat

10 Proposées partout en cornet, les *patat* (frites) sont en général préparées dans de bonnes conditions d'hygiène. Mais, ici comme ailleurs, elles sont déconseillées à ceux qui surveillent leur ligne. Les amateurs vont chez Vleminckx. ✪ *Vleminckx : Voetboogstraat 33 • plan M5.*

Boissons

Pils

1 La bière est la boisson nationale des Pays-Bas, en particulier la *pils*, ou *lager*, qui représente la majeure partie de la consommation. Dans les bars, elle est servie glacée et mousseuse.

Witbier

2 Une rondelle de citron accompagne souvent la bière blanche brassée à base de blé fermenté.

Bokbier

3 La bière d'automne est brune et douce.

Jonge Jenever

4 Les Néerlandais apprécient l'eau-de-vie de genièvre pure, en particulier quand elle est jeune *(jonge)*. Ils la boivent dans un verre en forme de tulipe, le *borrel*, qu'ils vident d'un trait.

Oude Jenever

5 « Vieux », le genièvre prend une teinte dorée et un arôme plus complexe.

Kopstoot

6 Le *kopstoot* (« coup sur la tête ») fait suivre une *pils* d'un verre de *jenever*.

Naveltje Bloot

7 Traditionnellement, pour annoncer sa grossesse, une future mère sert à ses proches cette liqueur de fruits baptisée « nombril nu ».

Oranje Bitter

8 Le *Koninginnedag* (30 avril) offre un bon prétexte à la consommation de cette liqueur d'orange.

Bakkie

9 Les Néerlandais aiment le café noir et fort.

Koffie Verkeerd

10 Il faut commander un « faux café » pour obtenir un café au lait.

Gauche **Daalder Eten & Drinken** Droite **Mamouche**

🔟 Restaurants

Supperclub
Dînez à la romaine sur de grands lits blancs confortables, tout en profitant de la nuit. Performances avant-gardistes, DJ *live* et spectacles accompagnent 5 plats d'une cuisine *fusion* audacieuse. Les croisières sur le canal du Supperclub allient détente, restauration et danse. ◈ *Jonge Roelensteeg 21 • plan M3 • 020 344 6400 • www.supperclub.com • €€€€€.*

Van Vlaanderen
Si le décor est banal, les plats sont riches et élaborés dans ce paradis des gourmands. Resté longtemps un secret d'initiés, le restaurant vient d'être primé. Il propose une succulente déclinaison moderne de spécialités françaises et méditerranéennes à base d'ingrédients de qualité (foie gras, cochon de lait…). ◈ *Weteringschans 175 • plan E5 • 020 622 8292 • €€€€.*

Lof
D'alléchantes odeurs émanent de la cuisine ouverte de ce bistro chaleureux où une clientèle locale vient déguster une cuisine imaginative en se fiant au menu qui change tous les jours. ◈ *Haarlemmerstraat 62 • plan D2 • 020 620 2997 • ouv. mar.-sam. • €€€.*

Daalder Eten & Drinken
Doté d'une vaste terrasse ouverte sur le Lindengracht, le Daalder est un café brun traditionnel dans le style néerlandais, qui sert une cuisine locale et fraîche à des prix abordables. Un endroit apprécié des habitants, qui vous permettra de fuir le centre-ville plus touristique et commercial. ◈ *Lindengracht 90 • plan D2 • 020 624 8864 • €€€.*

Bridges
Le style épuré et moderne du restaurant du Grand Hôtel a été inspiré par l'immense fresque de Karel Appel, *Vragende Kinderen* (1949), qui couronne l'entrée. Le chef Aurélien Poirot vise la qualité. Il affectionne les produits de la mer, servis avec des légumes locaux bio et de saison. ◈ *Oudezijds Voorburgwal 197 • plan N4 • 020 555 3560 • www. bridgerestaurant.nl • €€€€€.*

Lof

Autres restaurants p. 80-81, 86, 94-95, 102-103, 110-111, 113, 118

Bazar

Bazar
Ce superbe restaurant d'influence orientale a investi une ancienne église. Situé en bordure de l'Albert Cuypmarkt *(p. 109)*, le Bazar est parfait pour dîner après une journée de flânerie parmi les étals du marché. Vous y dégusterez de délicieuses spécialités nord-africaines, iraniennes et du Moyen-Orient *(p. 111)*.

Tujuh Maret
Un séjour à Amsterdam ne saurait être complet sans une *rijsttafel* (« table de riz »). Celle du Tujuh Maret est exceptionnelle avec ses 18 mets délicieusement pimentés, du doux à l'explosif, parfumés à la noix de coco, au gingembre, aux arachides ou à la citronnelle, le tout accompagné d'une montagne de riz. ⊗ *Utrechtsestraat 73 • plan E5 • 020 427 9865 • €€€.*

Mamouche
Ce restaurant très élégant attire une clientèle branchée séduite par sa cuisine marocaine et française hors du commun. Sur la carte, des mets bien connus comme le tajine d'agneau et le couscous voisinent avec les créations plus élaborées et exotiques du chef, comme le *knia marrakchia*, du lapin au sésame, aux abricots et à la cannelle. ⊗ *Quellijnstraat 104 • plan D6 • 020 670 0736 • €€€.*

De Kas
Impossible de manger plus frais ou local que dans cet incroyable restaurant sous serre. Sous son haut plafond de verre, les convives se régalent d'herbes et de légumes cultivés par le chef étoilé au *Michelin* Gert-Jan Hageman, également propriétaire de l'établissement. Élaboré par son second Ronald Kunis, le menu à 3 plats, inoubliable, varie avec les saisons. ⊗ *Kamerlingh Onneslaan 3 • 020 462 4562 • www.restaurantdekas.nl • €€€€€.*

Hemelse Modder
Il est indispensable de réserver dans ce restaurant accueillant et particulièrement couru. Son audacieuse cuisine internationale est teintée d'influences française et italienne. Il se distingue par son service attentif, sa charmante terrasse et sa superbe carte des vins. Menus à prix fixe et plats végétariens disponibles. ⊗ *Oude Waal 11 • plan Q3 • 020 624 3203 • €€€€.*

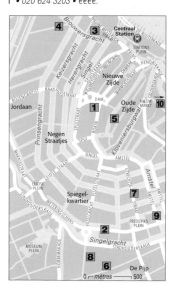

Catégories de prix **p. 81**

61

Gauche **Bloemenmarkt** Droite **Looier Kunst en Antiekcentrum**

⁝⁰ **Boutiques et marchés**

1 Albert Cuypmarkt
Le plus grand marché général d'Amsterdam occupe la totalité d'une longue rue du quartier populaire De Pijp, et ses éventaires proposent de tout, du poisson frais aux chaussures, à des prix modestes *(p. 109)*.

Albert Cuypmarkt

2 Albert Heijn
Cette chaîne de supermarchés plutôt haut de gamme possède au moins 1 magasin dans chaque quartier. Les prix sont un peu élevés, mais on y dispose d'un grand choix, et de larges allées permettent de faire ses courses confortablement. ◈ *Plusieurs succursales.*

3 De Bijenkorf
Baptisé « La Ruche », le plus prestigieux des grands magasins de la ville porte particulièrement bien son nom le week-end. Il s'adresse à une clientèle jeune et branchée, mais dans une gamme de prix particulièrement élevée. ◈ *Dam 1 • plan N3.*

4 Bloemenmarkt
Les barges chargées de fleurs du dernier marché flottant d'Amsterdam ne bougent plus de leur emplacement *(p. 108)*.

5 HEMA
Cette chaîne de grands magasins bon marché et attrayants, représentée aujourd'hui dans plusieurs pays, a vu le jour en 1926 et est devenue une sorte d'institution en Hollande. Les magasins proposent des produits de créateurs à des prix abordables, des vêtements pratiques, des fournitures de bureau, du matériel de cuisine et des denrées alimentaires. ◈ *Plusieurs succursales.*

6 Boerenmarkt
Réputé pour ses produits d'agriculture biologique, le « marché fermier » offre, le samedi, l'occasion de faire ses courses en échappant à la routine. Tout en profitant de l'animation créée par des artistes de rue, vous pourrez y déguster des spécialités comme des fromages de chèvre, ainsi qu'y trouver des fleurs et du pain frais. ◈ *Noordermarkt • plan D2.*

7 Looier Kunst en Antiekcentrum
Dans ce marché couvert spécialisé dans les antiquités, des particuliers viennent aussi vendre le samedi. Le café est agréable *(p. 100)*.

Magna Plaza
8 Œuvre de Cornelis Hendrik Peters (1874-1932), cet imposant édifice achevé en 1899 pour abriter la poste centrale peut s'enorgueillir d'avoir donné naissance au « style gothique postal », appellation ironique inventée par ses détracteurs. Il a perdu sa fonction initiale et une quarantaine de commerces, dont 2 cafés, occupent aujourd'hui ses 4 niveaux. ⊗ *Nieuwezijds Voorburgwal 182 • plan M3.*

Noordermarkt
9 Un marché se tient sur ce site depuis 1627 ; on y vendait déjà des vêtements usagés… De quoi donner à réfléchir tout en chinant le lundi matin parmi les éventaires de ce marché aux puces particulièrement intéressant pour les fripes et les accessoires de mode *(p. 92)*.

Waterlooplein
10 Le meilleur marché aux puces de la ville a lieu du lundi au samedi sur cette vaste place au cœur du Jodenbuurt. C'est l'endroit idéal pour acheter des bijoux et des vêtements d'une autre époque ainsi que de l'artisanat exotique, des tissus africains aux sculptures sur bois balinaises. ⊗ *Plan Q5.*

Magna Plaza

Souvenirs

Bière
1 La bière néerlandaise ne se limite pas à Heineken, et vous disposerez d'un large choix à De Bierkoning *(p. 87)*.

Bulbes
2 Où pourriez-vous espérer trouver autant de variétés de tulipes que dans le pays dont cette fleur est devenue un symbole ?

Vêtements
3 Vous trouverez toute la mode européenne ou des habits ethniques.

Fromage
4 Si vous n'avez pas le temps de vous rendre dans un marché spécialisé hors de la ville, vous découvrirez à De Kaaskamer bien plus que du gouda et de l'édam *(p. 104)*.

Sabots
5 Une valeur sûre pour vous souvenir de votre séjour, surtout si vous essayez de les porter !

Préservatifs
6 Envie d'un modèle fantaisie ? La réputation de Condomerie n'est plus à faire *(p. 81)*.

Faïence de Delft
7 À moins d'acheter une antiquité, vous devrez vous tourner vers De Porceleyne Fles si vous cherchez des pièces authentiques.

Diamants
8 À défaut de vous en offrir, visitez une taillerie.

Jenever
9 Leurs bouteilles en grès rendent les liqueurs de genièvre particulièrement typiques.

T-shirts et cartes postales
10 Du splendide au ridicule, le choix ne manque pas.

➜ *Autres boutiques p. 81, 87, 104-105, 112-113, 119*

Gauche **Le Jordaan vu de la tour de la Westerkerk** Droite **Le Leidseplein de nuit**

10 Amsterdam à pied et à bicyclette

1 Jordaan
Depuis la Westerkerk *(p. 91)*, dont la tour ménage une vue panoramique, marchez vers le nord jusqu'au pittoresque Brouwersgracht *(p. 92)*.

2 Promenade lèche-vitrines
En partant du Noordermarkt *(p. 63, 92)*, suivez le Prinsengracht jusqu'aux Negen Straatjes *(p. 100)* et leurs boutiques excentriques. Explorez le marché d'antiquités De Looier sur l'Elandsgracht *(p. 62)* avant de rejoindre le Leidseplein par le Lijnbaansgracht. Remontez la Leidsestraat jusqu'à Metz & Co, dont le dernier étage abrite un café *(p. 99)*, et poursuivez jusqu'au Bloemenmarkt *(p. 62, 108)*, et enfin le grand magasin De Bijenkorf sur le Damrak *(p. 62)*.

3 Promenade de noctambule
Profitez de l'animation du Leidseplein *(p. 101)* avant de vous laisser attirer par les

Oudeschans

lumières du Rembrandtplein *(p. 107)*. Faites une pause à la jonction du Reguliersgracht et de l'Herengracht, d'où l'on découvre pas moins de 15 ponts à l'éclairage romantique. Continuez jusqu'à l'Amstelkerk pour finir dans l'Utrechtsestraat où abondent cafés et restaurants *(p. 61, 110, 111)*.

4 Autour de l'Oudeschans
Depuis la Centraal Station, prenez à l'est pour rejoindre la Binnenkant bordée de belles maisons, puis passez devant la Montelbaanstoren, sur l'Oudeschans, pour atteindre la Rembrandthuis *(p. 77)*. Reposez-vous au café De Sluyswacht *(p. 80)* avant d'explorer l'ancien quartier juif, le Jodenbuurt *(p. 48)*, ou de poursuivre jusqu'au Nieuwmarkt *(p. 77)*.

5 Herengracht
Le plus court des canaux de la Grachtengordel *(p. 8-11)* est dominé par de splendides édifices, dont l'hôtel Bartolotti (nos 170-172), le Bijbels Museum *(p. 99)* et les demeures du Tournant d'or *(p. 8)*.

6 Jusqu'à l'Ouderkerk aan de Amstel
Partez à vélo près du Blauwbrug et suivez l'Amstel jusqu'à l'Ouderkerk aan de Amstel *(p. 128)*. Vous passerez devant l'Amstelpark et le moulin De Rieker *(p. 127)* (20 km A/R).

Plantage

7 Avec ses villas raffinées, ses rues arborées, ses parcs et ses jardins, le quartier de Plantage *(p. 122-125)* offre un cadre tranquille à la flânerie à vélo (à l'exception de la Plantage Middenlaan).

Prinsengracht

8 Sa longueur rend le canal le plus extérieur de la Grachtengordel *(p. 8)* assez fatigant à parcourir à pied, mais, relativement protégé de la circulation automobile, il se prête bien à la découverte à bicyclette (de nombreux cafés permettent de faire des étapes).

Îles occidentales

9 Au nord-ouest de la Centraal Station, Prinseneiland, Bickerseiland et Realeneiland ont beaucoup de cachet avec leurs vieux chantiers navals, leurs maisons historiques, leurs anciens entrepôts et leurs ponts en bois *(p. 93)*.

Amsterdamse Bos

10 Idéal pour un grand bol d'air sportif ou un pique-nique au bord d'un lac, ce bel espace vert de 800 ha au sud de la ville renferme 48 km de pistes cyclables et pas moins de 60 km de sentiers piétonniers *(p. 128)*.

Prinsengracht

Rouler en sécurité à Amsterdam

Respectez le Code de la route

1 N'imitez pas ceux qui grillent les feux rouges et montent sur les trottoirs.

Restez sur les pistes cyclables

2 Amsterdam possède un excellent réseau de *fietspaden*. Il est doté de ses propres feux de signalisation.

Prenez garde aux rails de tramway

3 Prenez-les toujours à angle droit pour ne pas risquer d'y coincer votre roue avant.

Prenez garde aux tramways

4 Ils ne peuvent pas se déporter pour éviter un cycliste.

Méfiez-vous des piétons

5 Il n'est pas rare que des touristes marchent par erreur sur les pistes cyclables.

Laissez la priorité

6 La priorité à droite s'applique pour tous les véhicules.

Mettez pied à terre aux grands carrefours

7 Mieux vaut toujours les traverser à pied.

Évitez de rouler à 2 de front

8 Ce n'est autorisé que si l'on ne gêne pas la circulation.

Allumez vos feux

9 La loi impose d'avoir un éclairage à l'avant et à l'arrière du coucher au lever du soleil.

Verrouillez votre vélo

10 Les vols de deux-roues sont fréquents à Amsterdam. Attachez la roue avant et le cadre à un objet fixe au moyen d'un antivol à anse.

Location de bicyclettes **p. 135**

Gauche **Hofje De Star** Droite **Egelantiersgracht**

TOP 10 Havres de paix

1 Hofjes De Star et Zon's
Ces 2 anciens hospices situés à quelques pas l'un de l'autre permettent d'échapper à la foule dans le quartier du Jordaan. ❧ *Prinsengracht 89-133 et 159-171* ● *plan D2.*

2 Museum Van Loon
Derrière la façade monumentale dessinée par Adriaan Dortsman, l'ancienne résidence de la famille Van Loon a conservé une atmosphère accueillante. Son jardin est bordé par une remise aux allures de temple classique *(p. 30-31).*

Luge du XVIIIe s., Museum Van Loon

3 Zandhoek
À quelques minutes seulement du centre, sur Realeneiland, l'une des îles occidentales, le quai pavé de Zandhoek paraît hors du temps avec ses ponts-levis peints en blanc, son rang de maisons du XVIIe s. et les péniches amarrées au Westerdok *(p. 93).*

4 Binnenkant
Le long du Waalseilandgracht de belles demeures de marchands dominent des maisons flottantes. Au croisement avec Kalkmarkt, des bancs judicieusement placés permettent de se reposer en contemplant une jolie portion de l'Oudeschans, site des premiers chantiers navals de la ville, où se dresse la Montelbaanstoren, une tour d'origine médiévale *(p. 79).* ● *Plan Q3.*

5 Café De Sluyswacht
À quelques pas de l'effervescence de la Jodenbreestraat, ce café pittoresque *(p. 80)* possède une spacieuse terrasse en bordure de canal. Au moindre signe de beau temps, celle-ci offre un lieu étonnamment tranquille pour profiter d'une perspective différente sur l'Oudeschans.

6 Grimburgwal
Dans le quartier de l'Oude Zijde, près du point de confluence de 3 canaux où se dresse l'Huis op de Drie Grachten, une rue baptisée *Gebed Zonder End* (« prière sans fin ») entretient le souvenir de couvents aujourd'hui disparus. Vous trouverez des bancs sur l'Oudezijds Voorburgwal, juste après la « maison sur Trois Canaux » *(p. 8).* ● *Plan N5.*

Hortus Botanicus

7 Ce jardin botanique fondé à l'origine pour la culture des plantes médicinales occupe son emplacement actuel dans le quartier de Plantage depuis 1682. Il possède plusieurs serres tropicales *(p. 124)*.

Jardin du Bÿbels Museum

8 Derrière le musée de la Bible, ce jardin soigné et tranquille regorge de plantes mentionnées dans la Bible. L'endroit invite à s'y reposer après la visite du musée ! Un café y propose des boissons chaudes et des rafraîchisssements.

Egelantiersgracht

9 Peut-être n'entendrez-vous aucun autre bruit que le carillon de la Westerkerk en suivant ce joli canal bordé d'habitations d'artisans dans le Jordaan. Aux nos 107-114, le St Andrieshofje construit en 1616 est l'un des hospices les plus anciens et les mieux conservés de la ville. Un passage carrelé de bleu et de blanc conduit dans la cour. ❧ *Plan J2.*

Overloop-plantsoen

10 Ce petit espace vert assoupi s'étend à la jonction de 2 canaux : le Nieuwe Keizersgracht et le Plantage Muidergracht. ❧ *Plan R6.*

Hortus Botanicus

Points de vue

1 **Tour de la Westerkerk**
La plus haute tour d'église d'Amsterdam domine le quartier du Jordaan *(p. 91)*.

2 **Tour de la Zuiderkerk**
Le sommet de la tour de l'« église du Sud » offre une vue panoramique sur l'ancien quartier juif *(p. 42, 81)*.

3 **Tour de l'Oude Kerk**
L'endroit d'où contempler la ville médiévale et le Quartier rouge *(p. 28-29)*.

4 **Metz & Co**
Le café et la coupole situés au dernier étage de ce grand magasin ménagent le plus beau panorama des canaux d'Amsterdam *(p. 99)*.

5 **Madame Tussauds Amsterdam**
Depuis la fenêtre ronde du dernier étage, le regard plonge sur la place du Dam *(p. 35)*.

6 **Amstelveld**
Au point de jonction du Reguliersgracht et du Prinsengracht, on découvre de jolies portions de canaux dans les deux directions.

7 **Magere Brug**
L'Amstel est superbe depuis ce pont la nuit *(p. 11)*.

8 **Reguliersgracht et Herengracht**
Tournez le dos à Thorbeckeplein pour admirer les 10 ponts. Le spectacle est encore plus beau de nuit.

9 **OBA**
La terrasse du 7e étage de la Bibliothèque publique d'Amsterdam sur l'Oosterdokseiland offre de superbes panoramas sur la ville *(p. 134)*.

10 **NEMO**
Du toit, la vue porte de l'Oosterdok au centre-ville *(p. 68)*.

Gauche **Artis Zoo** Droite **NEMO**

🔟 Amsterdam avec des enfants

1 East Indiaman Amsterdam
Splendide reconstitution d'un bateau de la Compagnie des Indes orientales ayant coulé lors de son voyage inaugural en 1749. Regardez les marins arrimer la cargaison et balayer le pont. Le bateau, construit en 1991, est amarré devant le Het Scheepvaart Museum *(p. 123)*.

L'Amsterdam

2 Le Petit Orphelinat
Cette exposition pour les enfants au musée d'Amsterdam évoque la vie dans un orphelinat au XVIIe s. Les enfants doivent interagir avec les occupants, à la recherche d'animaux cachés dans la maison, ou faire connaissance avec l'orphelin Jurriaan *(p. 24-27)*.

3 Tramways
Rendez-vous à l'Haarlemmermeerstation pour prendre place dans une voiture historique conduite par un passionné qui vous mènera en 20 min à l'Amsterdamse Bos, où les plus jeunes pourront se dégourdir avant de goûter des crêpes. 🚋 *Electrische Museum-tramlijn : Haarlemmermeerstation, Amstelveenseweg 264 • 020 673 7538 • www.museumtramlijn.org • départ des tramways : avr.-oct. dim. 11h-17h • EP.*

4 Westerpark
Ce parc culturel pour parents et enfants réunit un centre d'art, des marchés le dimanche, une pataugeoire extérieure, des terrains de jeu, une ferme pour les petits, le parc d'aventures en plein air Het Woeste Westen et de nombreux cafés. 🚋 *Ferme pour les enfants : 023 682 2193, ouv. mar.-dim 9h-17h • Woeste Westen : ouv. mer., sam et dim. 11h-18h ; lun., mar., jeu. et ven. 13h-18h • www.woestewesten.nl*

5 NEMO
Surnommé « Titanic », le bâtiment du musée national de la Science et de la Technologie et la vue offerte depuis le pont supérieur justifient à eux seuls la visite. Installations et expériences à l'intérieur *(p. 129)*.

6 Artis Royal Zoo
Ce parc zoologique offre un fascinant terrain d'aventure aux enfants qui peuvent y caresser des animaux de ferme, se confronter aux reptiles d'un vivarium, contempler les étoiles dans un planétarium et rêver devant les créatures marines d'un aquarium *(p. 123)*.

Vondelpark
Avec le Westerpark, c'est
endroit idéal où passer une
elle journée d'été avec des
nfants. Il dispose d'une
ataugeoire, de terrains de jeu,
un café pour les enfants (Kin-
erkookkafé) et d'un atelier pour
nfants le mercredi après-midi
u Groot Melkhuis) *(p. 115)*.

TunFun
Cette vaste aire de jeux abri-
e occupe un passage souterrain
ésaffecté. Les parents peuvent
e détendre pendant que leurs
nfants se déchaînent dans un
édale de tunnels, toboggans et
ampolines. Un espace est réser-
é aux plus petits. ❧ *Mr Visserplein 7
plan Q5 • 020 689 4300 • ouv. t.l.j. 10h-
8h • ferm. 1er janv., 30 avr. • EP.*

Tropenmuseum
Découvrez la diversité
ulturelle en Afrique ou encore
histoire coloniale néerlandaise
ans ce musée dédié à l'ethno-
raphie et à l'art contemporain.
openmuseum Junior, musée
activités pour les 6-13 ans,
st ouvert sur rendez-vous,
vec des visites en anglais
ur demande *(p. 23)*.

Madame Tussauds Amsterdam
enez y faire des rencontres
urprenantes, pédagogiques et
arfois riches en émotion avec
es mannequins de superhéros
t de stars du cinéma.

ndermuseum

Sites gratuits

Galerie des Gardes civiques
Immenses portraits de groupe
à l'Amsterdam Museum *(p. 26)*.

Béguinage
Un havre de paix en plein
centre-ville *(p. 22-23)*. Le
quartier du Jordaan compte
plusieurs autres *hofjes (p. 92)*.

De Hollandsche Manege
On peut assister aux entraîne-
ments équestres dans le
Manège hollandais *(p. 117)*.

Jardin du Rijksmuseum
Des curiosités architecturales
agrémentent un jardin à la
française *(p. 14)*.

Concerts de midi
Concerts d'octobre à juin
le mardi à 12h30 dans la
Boekmanzaal du Stadhuis
(p. 78), et de septembre à
juin le mercredi à 12h30
au Concertgebouw *(p. 119)*.

Traversée de l'IJ
Prenez le bateau pour un
trajet de 5 min entre la Centraal Station *(p. 84)* et Amsterdam Nord ou le quai NDSM
(15 min)

Bloemenmarkt
Le marché aux fleurs,
flottant, possède beaucoup
de charme *(p. 108)*.

Maisons européennes
La Roemer Visscherstraat
abrite un rang de maisons
dans le style de 7 pays
différents *(p. 148)*.

Orgues de Barbarie
Vous pourrez en croiser
8 dans les rues.

Carillons
Les carillons de la Westertoren, de la Zuidertoren et de
la Munttoren sonnent respectivement les mardi, jeudi et
vendredi de 12h à 13h.

Gauche **Vide-greniers du Koninginnedag** Droite **Réjouissances pour le Koninginnedag**

Fêtes et festivals

1 Nationaal Museumweekend
Pendant un week-end, l'entrée est gratuite ou à tarif réduit dans la plupart des musées nationaux d'Amsterdam. L'office de tourisme précise le détail de la manifestation à partir de la mi-mars. ◈ *Mi-avr.*

2 Koninginnedag
Lors du Jour de l'anniversaire de la défunte reine Juliana, la ville tout entière entre en liesse. Des vide-greniers s'improvisent dans la rue, des scènes publiques sont érigées dans la ville et des gens vêtus d'orange battent le pavé. La musique résonne toute la journée et la fête dure jusqu'à l'aube. ◈ *30 avr.*

3 Bevrijdingsdag
Le lendemain de l'*Herdenkingsdag* (« Jour du souvenir »), des discours, des concerts et des marchés en plein air au Vondelpark, au Leidseplein, au Museumplein et au Rokin célèbrent la libération de l'occupation nazie. ◈ *5 mai.*

4 Festival de Hollande
Une riche programmation nationale et internationale de théâtre, de concerts, d'opéra et d'opérette dans plusieurs salles d'Amsterdam vaut à ce festival d'été une réputation prestigieuse. ◈ *020 788 2100* • *www.hollandfestival.nl* • *juin.*

5 Open Monumentendagen
La plupart des édifices historiques de la ville ouvrent gratuitement au public pendant un week-end – une occasion rar de découvrir ce qui se cache derrière leurs façades à pignon et leurs portails ouvragés. ◈ *020 422 2118* • *www.openmonumentendag. • 2e w.-e. de sept.*

6 Open Tuinendagen
Pendant les Journées jardins ouverts, quelque 30 jardins des canaux ouvrent leurs portes au public. Visitez les espaces verts c plusieurs musées, comme le Van Loon *(p. 30-31)*, et profitez-en po découvrir de nombreux jardins privés. Le billet journalier inclut le transport en bateau jusqu'à tous les musées. ◈ *3e w.-e. de juin • www.opentuinendagen.nl*

7 Grachtenfestival
De grands interprètes néerlandais et étrangers donner des concerts de musique classique dans plusieurs lieux d

Danseurs traditionnels, Festival du Jordaa

insengrachtconcert, Grachtenfestival

Grachtengordel *(p. 11)* durant s 10 jours de ce festival.
e plus important, gratuit, a lieu ur une péniche amarrée devant hôtel Pulitzer. Il y a aussi des oncerts au Musiekgebouw an 't IJ *(p. 56)*. ✆ *020 421 4542* *www.grachtenfestival.nl • août.*

Festival du Jordaan
Le pittoresque quartier du ordaan *(p. 92)* offre le cadre idéal un festival décontracté rythmé ar des animations de rue. es concours font s'affronter des lents locaux sur le Westermarkt, la cuisine est à l'honneur ur le Noordermarkt *(p. 92).*

Défilé de Sinterklaas
Pour marquer le début des stivités de Noël, saint Nicolas rive en bateau près de la Nicholaas Kerk, accompagné e ses valets malicieux, ont *Zwarte Pieten* (« père ouettard »). Ils distribuent es bonbons et des cadeaux ux enfants d'Amsterdam. *2e ou 3e sam. de nov.*

Vondelpark Openluchttheater
haque été, le théâtre en plein r du Vondelpark accueille des oncerts et des spectacles atuits, incluant danse, usique, théâtre pour les nfants et comédie *(p. 119).* *www.openluchttheater.nl • juin-août.*

Manifestations sportives

Football
Le stade de l'Ajax peut accueillir 50 000 spectateurs. ✆ *Amsterdam ArenA, Bijlmer • août-déc., fév.-mai.*

Cyclisme
Le RAI Derny Race est le seul critérium d'Amsterdam. ✆ *Amsterdam RAI, Europaplein • mi-mai.*

Rugby
L'AAC Rugby Club ravira tous les âges. ✆ *Bok de Korverweg 6 • avr.-juin.*

Korfbal
Blauw Wit est le club en pointe de ce sport entre net-ball et basket-ball. ✆ *Sportpark Joos Banckersweg • sept.-juin.*

Hockey sur gazon
Rendez-vous à l'Amsterdamsche Hockey & Bandy Club. ✆ *Nieuwe Kal-fjeslaan, Amstelveen • sept.-mai.*

Hockey sur glace
La ville soutient les Boretti Tigers. ✆ *Sporthal Jaap Edenhal, Radioweg 64 • oct.-fin mars.*

Football américain
Les Amsterdam Admirals jouent aussi à l'ArenA *(voir ci-dessus).* ✆ *Mars-juin.*

Course à pied
Les courses les plus populaires sont la Dam tot Damloop et le marathon d'Amsterdam. ✆ *Olympisch Stadion Stadionplein • sept.-oct.*

Aviron
La compétition Head of the River, sur l'Amstel, compte parmi les plus popu-laires. ✆ *Dern. sem. de mars.*

Équitation
Le Jumping Amsterdam se déroule à l'intérieur. ✆ *Amsterdam RAI, Europaplein • janv.-fév.*

Gauche **Haarlem** Droite **Hortus Botanicus, Leyde**

TOP10 Excursions

1 Aalsmeer Bloemenveilingen

Vue depuis la galerie réservée aux visiteurs, la plus grande vente de fleurs et de plantes à la criée du monde (plus de 20 millions par jour en moyenne) est un spectacle étonnant. Dans une ambiance frénétique, les enchères sont rythmées par un compte à rebours. ◈ www.vba.nl

2 Delft

Le centre de cette petite ville tranquille a peu changé depuis la reconstruction qui suivit l'explosion de l'arsenal en 1645 et l'exécution de *Vue de Delft* par Vermeer vers 1660. Outre dans les boutiques, vous verrez des carreaux de faïence dans le Museum Lambert Van Meerte. Het Prinsenhof conserve les traces d'impact des balles qui tuèrent Guillaume d'Orange, dont la Nieuwe Kerk abrite le mausolée. ◈ www.delft.nl

3 La Haye (Den Haag)

Capitale politique des Pays-Bas, La Haye est une ville aérée dont le cœur est la Ridderzaal, l'ancien château gothique des comtes de Hollande. Les bâtiments intéressants comprennent le Parlement, la Cour internationale de justice et la Mauritshuis qui offre un cadre élégant au remarquable musée royal de Peinture. La station balnéaire de Scheveningen n'est pas loin. ◈ www.deenhag.nl

4 Enkhuizen

Ruiné par la construction, e 1932, de la digue de l'Afsluitdijk qui le coupa de la mer du Nord, ce village de pêcheurs retrouva sa prospérité en se transforman en port de plaisance. Le Zuiderzeemuseum attire aujourd'hui de nombreux visiteurs. Ce musée renferme, entre autres, la reconstitution d'un village de la région à partir de bâtiments authentiques.

5 Haarlem

Autour du Grote Markt, bordé d'élégants édifices et de cafés aux terrasses animées, le centre historique de cette cité aisée a gardé son cachet. Ses fleurons comprennent le Frans Hals Museum, la Grote Kerk gothique aux splendides grande orgues de 1735 et la gare Art déco. Le Teylers Museum possède des collections de minéraux, de fossiles, d'instruments scientifiques et d'œuvres d'art. ◈ www.visithaarlem.org

Fours à chaux, Zuiderzeemuseum, Enkhuize

Ventes aux enchères de fleurs d'Aalsmeer : **www.floraholland.co**
Zuiderzeemuseum : **www.zuiderzeemuseum.nl**

Keukenhof

6 Entre Leyde et Haarlem s'étend la plus importante région de culture de plantes à bulbe des Pays-Bas – une explosion de couleurs au printemps et surtout à la mi-avril quand éclosent les tulipes. Particulièrement spectaculaire entre fin mars et fin mai, le parc Keukenhof est l'un des plus beaux jardins floraux du monde. ✪ www.keukenhof.nl

Leyde (Leiden)

7 Cette ville étudiante renferme de nombreux canaux, cafés et musées, ainsi que le charmant Hortus Botanicus. ✪ http://portal.leiden.nl

Marken

8 À seulement 16 km d'Amsterdam, ce village insulaire aujourd'hui accessible par une digue a conservé de pittoresques maisons anciennes.

Paleis Het Loo

9 Le pavillon de chasse bâti en 1686 par le *stadhouder* Guillaume III près d'Apeldoorn servit de palais d'été à la famille royale jusqu'aux années 1960. Derrière une sobre façade se

Maison de bois, Marken

cachent les pièces de somptueux appartements dont le décor reflète différentes époques, des années 1680 aux années 1930. La résidence possède aussi de splendides jardins classiques. ✪ www.paleishetbo.nl

Utrecht

10 Comme Leyde, Utrecht est une ville universitaire dont le centre conserve de nombreuses traces de son passé, notamment de son rôle de centre religieux au Moyen Âge. ✪ www.utrechtyourway.nl

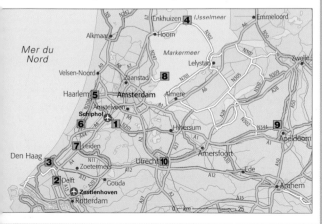

VISITER
AMSTERDAM

AMSTERDAM TOP 10

Gauche **Stopera** Droite **Museum Het Rembrandthuis**

Oude Zijde

*C*omme son nom l'indique, le « Vieux Côté » est à l'origine d'Amsterdam, e
ses rues sont riches en édifices historiques – certains sont cernés par les
devantures racoleuses du Quartier rouge dédié à l'industrie du sexe. Au hau
Moyen Âge, l'Oude Zijde s'étendait le long de l'Amstel de part et d'autre de
l'Oude Kerk sur une étroite bande de terre située entre les actuels Damrak
et Oudezijds Voorburgwal (qui signifie « avant le mur de la ville »). Il ne se
développa vers l'est qu'à partir du XVe s., entre autres grâce à l'afflux de
Juifs venus du Portugal. Les 4 synagogues abritant le superbe Joods
Historisch Museum, l'un des rares vestiges de l'ancien Jodenbuurt (p. 48),
rappellent l'importance qu'eut cette communauté
dans la ville. Sur le Nieuwmarkt se dresse toujours
le Waag, une ancienne porte fortifiée du XVe s.
transformée au Siècle d'or en balance publique
pour peser les marchandises livrées par bateau
avant leur vente sur le « Nouveau Marché ».

Oude Kerk

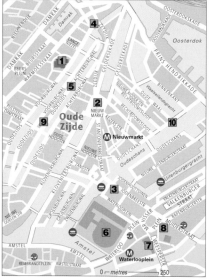

🔟 Les sites

1 Oude Kerk
2 Nieuwmarkt
3 Museum Het
   Rembrandthuis
4 Zeedijk
5 Quartier rouge
6 Stopera
7 Joods Historisch
   Museum
8 Portugees-Israëlitische
   Synagoge
9 Hash Marihuana
   & Hemp Museum
10 Montelbaanstoren

Pages précédentes : **Façades à pignon en cou donnant sur les
péniches amarrées le long d'un canal de la Grachtengordel**

Le Waag, Nieuwmarkt

Oude Kerk
La plus ancienne église d'Amsterdam a connu bien des modifications et des extensions depuis sa fondation en 1309, et elle associe les styles gothique et Renaissance *(p. 28-29)*.

Nieuwmarkt
Le marché bio qui s'y installe le samedi entretient la vocation commerciale de cette vaste place pavée devenue un lieu de marché après la construction en 1488 d'une porte fortifiée, la Sint Antoniespoort. Transformé en 1617 en balance publique, l'édifice porte aujourd'hui le nom de Waag. Diverses corporations tenaient leurs réunions à l'étage. C'est là que Rembrandt peignit *La Leçon d'anatomie du docteur Tulp* qui se trouve aujourd'hui à la Mauritshuis de La Haye. Le corps disséqué est celui d'un condamné ; les exécutions publiques avaient lieu sur le Nieuwmarkt. © *Plan P3.*

Museum Het Rembrandthuis
L'inventaire détaillé rédigé lors de la faillite de Rembrandt en 1658 a permis de reconstituer la maison telle qu'elle était de son vivant. À noter les tableaux de son maître, Pieter Lastman. Un cabinet contient des curiosités de l'époque – flèches, coquilles… –, ainsi que les précieux livres d'art de Rembrandt et un inventaire de ses biens *(p. 15)*. Des démonstrations de peinture et de gravure enrichissent la visite. © *Jodenbreestraat 4 • plan Q5 • 020 520 0400 • www. rembrandthuis.nl • ouv. t.l.j. 10h-17h • ferm. 1er janv., 30 avr., 25 déc. • EP.*

Zeedijk
La « digue de la Mer » faisait partie des premières fortifications d'Amsterdam élevées au début du XIVe s. Le développement de la ville entraîna sa démolition et le comblement de ses fossés, mais le chemin qui la longeait garda son nom. Au no 1 se dresse l'une des 2 dernières maisons à façade de bois d'Amsterdam. En face, la St Olofskapel, bâtie en 1445, doit son nom au 1er roi chrétien de Norvège et du Danemark. © *Plan Q2.*

Quartier rouge
Le plus vieux métier du monde occupe le plus ancien quartier d'Amsterdam. Bordé par Zeedijk, Kloveniersburgwal, Daamstraat et Warmoesstraat, le Quartier rouge (De Wallen) est une des principales attractions de la ville. Depuis 2007, la prostitution de vitrine est limitée à 2 zones, pour inciter de petites entreprises créatives à les remplacer. © *Plan P2, P3.*

Quartier rouge

Visiter Amsterdam - Oude Zijde

6 Stopera

Le Stadhuis-Muziektheater, dont la construction, en 1987, imposa la démolition de dizaines d'immeubles de l'ancien quartier juif, a conservé le surnom que lui donnèrent ses opposants. Tout en invitant à arrêter le projet, ce sobriquet résumait sa fonction : accueillir l'hôtel de ville (Stadhuis) et l'Opéra. Dans le passage entre les 2 corps de bâtiment, un bouton de bronze indique le niveau normal de l'eau ou NAP *(Normaal Amsterdams Peil)*. ✆ *Waterlooplein 22 • plan Q5 • Stadhuis : 14 020 ; ouv. lun.-ven. 8h30-12h (arcade ouv. t.l.j. 8h-minuit) • Muziektheater : 020 625 5455.*

7 Joods Historisch Museum

Le Musée historique juif inauguré en 1987 a valu un prix à son architecte, Abel Cahen. Avec ses verrières et ses passerelles modernes reliant 4 synagogues édifiées aux XVIIe et XVIIIe s. pour la communauté ashkénaze, il marie avec harmonie ancien et nouveau. Il offre aussi un cadre lumineux à une collection de documents, d'œuvres d'art et d'objets de culte. Situé au cœur du vieux quartier juif, ce musée évoque l'histoire et la culture de la

Joods Historisch Museum

communauté juive néerlandaise à travers différents médias. Le musée pour enfants plaira aux plus jeunes visiteurs *(p. 48)*. ✆ *Jonas Daniel Meijerplein 2-4 • plan Q5 • 020 531 0310 • www.jhm.nl • ouv. t.l.j. 11h-17h • ferm. Yom Kippour, Rosh Hashanah • EP.*

8 Portugees-Israëlitische Synagoge

Les séfarades fuyant le Portugal et l'Espagne qui arrivèrent à Amsterdam à partir de la fin du XVIe s. commandèrent à Elias Bouman cette imposante synagogue achevée en 1675. Elle n'a pas changé depuis. Son plan suit un schéma traditionnel l'Arche, dirigée vers Jérusalem, faisant face au *tebah* d'où est conduit le service *(p. 48)*. ✆ *Mr. Visserplein 3 • plan R5 • 020 624 5351 • www.portugesesynagoge.nl • ouv. avr.-oct. : dim.-ven. 10h-16h ; nov.-mars : dim.-jeu. 10h-16h, ven. 10h-14h • ferm. sam. et fêtes juives • EP.*

9 Hash Marijuana & Hemp Museum

Ce petit musée retrace l'histoire du cannabis depuis ses premiers usages médicinaux il y a 8 000 ans jusqu'à la guerre menée contre la drogue aujourd'hui. Le chanvre cultivé en Hollande, ou *hennep*, avait ses propres moulins, appelés

La tolérance aujourd'hui

Conformément à une tradition séculaire, les autorités admettent la possession personnelle de petites quantités de cannabis, et même sa vente et sa consommation dans des coffee-shops (depuis janvier 2013, les coffe-shops sont désormais interdits aux étrangers). Les maisons closes et les vitrines où s'exhibent des prostituées ont été légalisées en 1990, mais le racolage dans la rue reste illicite.

hennepkloppers, où on le préparait pour la fabrication de dentelles, de tissus, de filets de pêche, de cordages et de toile de voilerie. L'exposition comprend un petit espace de culture en lumière artificielle et, bien entendu, toutes sortes de pipes, dont des narguilés.

🕙 *Oudezijds Achterburgwal 148 • plan P3 • 020 624 8926 • www.hashmuseum. com • ouv. t.l.j. 10h-23h • EP.*

10 Montelbaanstoren

Cette tour fortifiée, bâtie en 1512 à l'extérieur des remparts pour protéger les chantiers navals et la flotte, a aujourd'hui une fonction plus prosaïque : elle abrite le siège de la Compagnie municipale des eaux. Hendrick De Keyser la rehaussa en 1606 de sa partie octogonale et lui donna son clocher ajouré en bois. La Montelbaanstoren se mit à pencher en 1661, mais on réussit à la redresser. Elle domine le charmant Oudeschans *(p. 64),* un canal percé au début du XVIe s. afin de faciliter l'accès des bateaux.

🕙 *Oudeschans 2 • plan R3.*

Montelbaanstoren

Un jour dans l'Oude Zijde

(Le matin)

🕙 Bien qu'il se trouve dans le Nieuwe Zijde, commencez par découvrir le **Museum Ons' Lieve Heer op Solder** *(p. 20-21)* avant de visiter l'**Oude Kerk** *(p. 28-29).* Située à quelques pas, elle n'ouvre qu'à 11 h. Rejoignez ensuite le **Nieuwmarkt** *(p. 77)* pour une pause au In de Waag (Nieuwmarkt 4).

Poursuivez jusqu'à l'Oudezijds Achterburgwal où se trouve le **Hash Marihuana & Hemp Museum** *(p. 78),* puis suivez la principale artère du **Quartier rouge** *(p. 77),* l'Oudezijds Voorburgwal, jusqu'au restaurant Bridges *(p. 60)* pour déjeuner.

(L'après-midi)

Marchez jusqu'au paisible Grimburgwal et la maison sur Trois Canaux, à quelques portes de l'Agnietenkapel (aujourd'hui fermée). De là, tout en parcourant les étals de livres d'occasion, dirigez-vous à l'est vers l'Oudezijds Achterburgwal et l'Oudemanhuispoort ornée d'une paire de lunettes. Franchissez la porte et poursuivez jusqu'au **Museum Het Rembrandthuis** *(p. 77).* Ensuite, en vérifiant les jours d'ouverture, faites un saut à la Pintohuis *(p. 44)* pour admirer son plafond peint. Reprenez des forces au Café De Sluyswacht *(p. 80),* puis longez l'Oude Schans, dépassez la **Montelbaanstoren**, et tournez à gauche pour suivre le Binnenklant avant de regagner votre hôtel.

Gauche **Wijnand Fockink** Droite **In 't Aepjen**

Restaurants, cafés et bars

1 Bird
Les initiés se pressent dans le meilleur thaïlandais de la ville. Il offre le choix entre une salle de restaurant et un snack tout aussi authentique, de l'autre côté de la rue. ◈ *Zeedijk 72 • plan P2 • 020 620 1442 • €€*.

2 Café Cuba
Ce bar étriqué et tout en longueur, faiblement éclairé, se distingue par ses cocktails et cruches de sangria. Table de billard américain à l'arrière. ◈ *Nieuwmarkt 3 • plan P3 • 020 627 4919*.

3 In 't Aepjen
Ce bar installé dans une maison en bois de 1551 possède une décoration en accord avec son nom : « Aux singes » *(p. 14)*. ◈ *Zeedijk 1 • plan P2*.

4 De Bekeerde Suster
En 1544, les nonnes de ce cloître commencèrent à brasser la bière – une tradition relancée il y a quelques années. Il y a aussi un bon restaurant. ◈ *Kloveniersburgwal 6-8 • plan P4 • 020 423 0112*.

5 Café De Sluyswacht
Rembrandt a dessiné cette ancienne maison éclusière dotée d'une terrasse. ◈ *Jodenbreestraat 1 • plan Q4 • 020 625 7611*.

6 De Engelbewaarder
Fréquenté par des habitués du coin, ce bar convivial sert une nourriture bon marché et des bières spéciales sur une terrasse tranquille donnant sur le canal. Concerts de jazz le dimanche. ◈ *Kloveniersburgwal 59 • plan P4 • 020 625 3772*.

7 VOC Café
Dans la plus vieille tour de défense d'Amsterdam, la Schreierstoren *(p. 10)*, ce bar traditionnel possède une « salle de lecture » et 2 terrasses. ◈ *Prins Hendrikkade 94 • plan Q1 • 020 428 8291*.

8 Wijnand Fockink
La meilleure *proeflokaal* (« maison de dégustation ») n'a pas pris une ride depuis son ouverture en 1679. Le jardin, à l'arrière, est réservé aux clients de l'hôtel Krasnapolsky. ◈ *Pijlsteeg 31 • plan N3 • 020 639 2695*.

9 Lime
Malgré sa popularité, ce bar figure parmi les plus accueillants du quartier. ◈ *Zeedijk 104 • plan P3*.

10 Blauw aan de Wal
Un merveilleux restaurant européen au cœur du Quartier rouge. ◈ *Oudezijds Achterburgwal 99 • plan P4 • 020 330 2257 • €€€€*.

Catégories de prix

Pour un repas avec entrée, plat, dessert et une demi-bouteille de vin (ou repas équivalent), taxes et service compris.	€ moins de 20 €
	€€ 20-30 €
	€€€ 30-45 €
	€€€€ 45-60 €
	€€€€€ plus de 60 €

Latei

ⁱⁿ₁₀ Autres bonnes adresses

1 Condomerie
Ce vaste et désopilant éventail de préservatifs fantaisie (pour la plupart) offre de quoi épicer la vie amoureuse des plus blasés. ◎ *Warmoesstraat 141 • plan N3.*

2 Fo Guang Shan Temple
Ouvert l'après-midi, ce temple bouddhiste chinois est tenu par des nonnes. Des visites guidées ont lieu le samedi après-midi. ◎ *Zeedijk 106-118 • plan P3 • 020 420 2357 • €.*

3 W 139
Fondé en 1979, cet ancien squat tenu par des artistes est désormais une plate-forme professionnelle pour les artistes contemporains. ◎ *Warmoesstraat 139 • plan N3 • 020 622 9434 • www.w139.nl • ouv. t.l.j. 12h-18h.*

4 Jacob Hooy en Co
Cette herboristerie fondée en 1743 est le meilleur endroit où acheter plantes aromatiques, remèdes homéopathiques, tisanes et huiles essentielles. ◎ *Kloveniersburgwal 10-12 • plan P3.*

5 Joe's Vliegerwinkel
Ce lieu où voisinent cerfs-volants, boomerangs, Yo-Yo et kaléidoscopes contient sûrement le cadeau que vous cherchez. ◎ *Nieuwe Hoogstraat 19 • plan P4.*

6 Latei
Ravissant café-brocante, idéal pour déguster un sandwich, un jus de fruits frais et des cafés bien dosés. ◎ *Zeedijk 143 • plan P3.*

7 Beestenwinkel
Des poissons arroseurs aux nounours en passant par les canards de bain fluo, ce magasin vend jouets et gadgets sur le thème des animaux. ◎ *Staalstraat 26 • plan P5 • www.beestenwinkel.nl*

8 Droog Design
De jeunes créateurs néerlandais se sont réunis pour former le Droog Design. Vous y trouverez des accessoires et des meubles originaux pour la maison. ◎ *Staalstraat 7 A/B • plan P5 • www.droog.com*

9 Tibet
Vraie trouvaille dans le cadre un peu miteux du Quartier rouge, ce restaurant bon marché sert jusqu'à minuit. ◎ *Lange Niezel 24 • plan P2 • 020 624 1137 • €.*

10 Zuiderkerk
Bâtie par Hendrick De Keyser en 1611 et peinte par Monet en 1874. Superbe vue du haut de la tour. ◎ *Zuiderhof 72 • plan P4 • 020 552 7987 • église ouv. lun.-ven. 9h-17h, sam. 12h-16h, EG • ferm. j.f. • tour ouv. avr.-sept. : lun.-sam. 13h-17h, EP.*

Gauche **Koninklijk Paleis** Droite **Place du Dam et Nieuwe Kerk**

Nieuwe Zijde

M algré son nom, le « Nouveau Côté » formait le pendant occidental de l'Oude Zijde dans l'Amsterdam médiévale ; il s'étend des limites ouest de ce dernier jusqu'au Singel. Un incendie le ravagea en 1452, endommageant entre autres la Nieuwe Kerk entreprise en 1408, puis la plupart de ses canaux furent comblés au XIXe s. Les artères ainsi créées – le Damrak, le Rokin et la Nieuwendijk – sont aujourd'hui devenues des rues commerçantes animées, à l'instar de la Kalverstraat dont la vocation marchande remonte aux pèlerinages sur le site du « miracle d'Amsterdam » (p. 38). Malgré ces transformations, le Nieuwe Zijde reste marqué par son histoire, toujours présente dans le réseau de ruelles donnant sur la Kalverstraat, le paisible hospice du Béguinage, l'orphelinat du XVIIe s. servant de cadre à l'exposition de l'Amsterdam Museum, et sur la place du Dam, cœur du quartier.

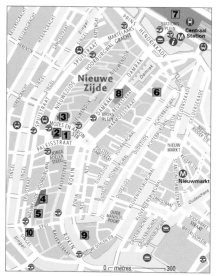

Ostensoir du XVIIIe s., Museum Ons' Lieve Heer op Solder

🔟 Les sites

1. **Place du Dam**
2. **Koninklijk Paleis**
3. **Nieuwe Kerk**
4. **Amsterdam Museum**
5. **Béguinage**
6. **Museum Ons' Lieve Heer op Solder**
7. **Centraal Station**
8. **Beurs van Berlage**
9. **Allard Pierson Museum**
10. **Spui**

Angelot doré, Nieuwe Kerk

1 Place du Dam
La place principale d'Amsterdam doit son nom à la digue sur l'Amstel qui permit l'essor d'un village voué à devenir, au XVIIe s., la capitale d'un empire marchand *(p. 34-35)*.

2 Koninklijk Paleis
Posé sur 13 659 pilotis en bois, le monument classique de Jacob Van Campen occupe tout un côté de la place du Dam. Construit pour accueillir le Stadhuis (hôtel de ville), il devint palais royal en 1808 à l'initiative de Louis Bonaparte. La famille royale n'y vit plus, mais il reste utilisé pour des manifestations officielles comme la réception de mariage du prince héritier Guillaume-Alexandre en 2002 *(p. 34 et 39)*.

3 Nieuwe Kerk
Le riche marchand et financier Willem Eggert fit don d'un verger et d'une forte somme d'argent pour permettre la construction de cette église gothique consacrée à la Vierge et à sainte Catherine. Celle-ci fut très vite appelée « Nouvelle Église » pour la distinguer de l'Oude Kerk. Quand l'hôtel de ville devint le palais royal au début du XIXe s. *(ci-dessus)*,

la Nieuwe Kerk fut élevée au rang d'église nationale des Pays-Bas. Elle accueille depuis la cérémonie de couronnement des souverains néerlandais *(p. 34)*.

4 Amsterdam Museum
Le musée d'Amsterdam retrace l'histoire de la ville depuis la fondation d'un petit village de pêcheurs au bord de l'Amstel. Une exposition très utile avant de se lancer à la découverte de la cité *(p. 24-27)*.

5 Béguinage
Le Béguinage (Begijnhof), fondé au XIVe s. pour loger une communauté de sœurs catholique, abrite l'une des 2 dernières maisons à façade en bois de la ville, mais la plupart des bâtiments qui entourent sa cour paisible datent du XVIIe s. *(p. 22-23)*.

6 Museum Ons' Lieve Heer op Solder
Cette maison de canal à la sobre décoration abrite dans ses combles une ancienne église clandestine, qui plonge les visiteurs au temps du Siècle d'or *(p. 20-21)*.

Amsterdam Museum

Centraal Station

Centraal Station

7 Pour de nombreux visiteurs, le premier contact avec la capitale des Pays-Bas a lieu à la Gare centrale, où arrivent et d'où partent tous les jours 1 400 trains, et où les lignes de bus et de trams ont leur terminus. Dessiné par P. J. H. Cuypers, l'architecte du Rijksmuseum *(p. 12-15)*, et A. L. Van Gendt, auteur du Concertgebouw *(p. 115)*, l'immense édifice néo-Renaissance inauguré en 1889 exigea la construction de 3 îles artificielles et l'enfoncement de 8 600 pilotis en bois. Il ferme la façade maritime de la ville sur l'IJ – ce qui suscita des polémiques. Une riche décoration anime la façade de brique rouge où des allégories évoquent la tradition maritime et marchande d'Amsterdam. Si vous avez le temps, visitez le restaurant de la gare, 1e Klas *(p. 51)*, pour son splendide cadre Art nouveau. En raison d'importants travaux, certains bâtiments seront fermés jusqu'en 2015. ◈ *Stationsplein* • *plan P1* • *0900 9292.*

Beurs van Berlage

8 Tourné en ridicule lors de son inauguration en 1903, le bâtiment dessiné par Hendrick Berlage pour abriter la Bourse est aujourd'hui considéré comme une œuvre-clé de la période avec ses lignes fonctionnelles adoucies par des ornements en fer forgé et des mosaïques en carrelage. La Bourse a déménagé dans l'immeuble voisin, et la Beurs van Berlage est devenue le siège social de l'Orchestre philharmonique des Pays-Bas. Elle accueille des expositions temporaires et une exposition permanente consacrée à l'histoire de la Bourse. L'intérieur étonnamment lumineux et spacieux est à voir. ◈ *Damrak 277* • *plan N2* • *020 530 4141 (expositions), 020 521 7500 (billetterie du Nederlands Philharmonic)* • *www.beursvanberlage.nl* • *ouv. pour des expositions* • *EP.*

Allard Pierson Museum

9 Installé dans un élégant immeuble néoclassique édifié dans les années 1860 pour abriter une banque, ce petit musée porte le nom du 1er professeur d'archéologie classique de l'université d'Amsterdam. Il présente une riche collection d'antiquités issues des grandes civilisations du pourtour méditerranéen et du Moyen-Orient. Elle comprend, entre autres, des sarcophages et des momies égyptiens, des vêtements coptes, de la bijouterie chypriote, des poteries grecques, de la ferronerie étrusque,

---

Histoire coloniale d'Amsterdam

Amsterdam dut une grande part de son expansion commerciale au XVIIe s. à la Compagnie des Indes orientales (VOC). Créée en 1602, elle réussit à établir un pouvoir durable en Indonésie.
La Compagnie des Indes occidentales (1621) eut moins de succès. Ses colonies au Brésil et sur l'île de Manhattan ne purent résister, respectivement, aux Portugais et aux Anglais.

---

de la verrerie et de la statuaire romaines. Des expositions temporaires ont lieu chaque année sur différents sujets liés à l'archéologie. ✆ *Oude Turfmarkt 127* • *plan N5* • *020 525 2556* • *www.allardpiersonmuseum.nl* • *ouv. lun.-ven. 10h-17h, sam.-dim. et j.f. 13h-17h* • *ferm. 1er janv., dim. de Pâques, Pentecôte, 30 avr., 25 déc.* • *EP.*

10 Spui

À deux pas du Béguinage, cette petite place bordée de cafés, de bars et de librairies est l'une des plus sympathiques d'Amsterdam. Assoupie en hiver, elle entre en effervescence l'été à l'heure du déjeuner et le soir. Proche de bâtiments de l'Université, elle a servi de cadre à maints débats intellectuels, et un marché du livre s'y tient le vendredi. À l'époque des provos *(p. 39)*, le Spui devint un haut lieu de la contestation, et des slogans barbouillèrent souvent le socle de *Het Lieverdje* (« Petit Chéri »), la statue de Carol Kneulman représentant un gamin des rues. Au no 18, le Café Hoppe *(p. 86)*, ouvert depuis 1670, offre un exemple typique de café brun. ✆ *Plan M5.*

Het Lieverdje, **Spui**

Un jour au Nieuwe Zijde

Le matin

🕐 Consacrez la matinée à **l'Amsterdams Historisch Museum** *(p. 24-27)*, même s'il faudrait en réalité plus de temps pour tirer pleinement parti de l'exposition. Si vous avez envie d'une pause, quittez le bâtiment principal pour rejoindre l'entrée sur la Kalverstraat. Elle abrite, sur votre gauche, le café-restaurant David & Goliath. Gardez votre ticket pour pouvoir rentrer sans payer à nouveau. Le musée possède une excellente boutique.

Coupez ensuite par la galerie des Gardes civiles pour rejoindre directement le serein et verdoyant **Béguinage** *(p. 22-23)*. Sortez sur la Gedempte Begijnensloot. Le **Spui** se trouve à l'angle de la rue. Vous pourrez déjeuner au Café Hoppe *(p. 86)* ou au Café Luxembourg (Spui 24).

L'après-midi

Descendez la Kalverstraat, principale rue commerçante du quartier, jusqu'à la place du Dam où se dressent le **Koninklijk Paleis** et la **Nieuwe Kerk** *(p. 34-35)*. Ne manquez pas les boutiques nichées entre les contreforts de l'église sur la Gravenstraat. Au no 18, la *proeflokal* De Drie Fleschjes existe depuis 1650.

En descendant le Damrak, vous passerez devant la **Beurs van Berlage** *(p. 84)* avant d'atteindre la **Centraal Station**, d'où un tram vous permettra de regagner votre hôtel.

Gauche **De Jaren** Droite **Supperclub**

Restaurants, cafés et bars

1 Café-Restaurant Amsterdam

Installé dans une brasserie du XIXᵉ s., ce lieu propose des plats traditionnels néerlandais et internationaux accompagnés de bons vins. Wi-Fi gratuit. ◈ *Watertorenplein 6 • plan B1 • 020 682 2666.*

2 Keuken van 1870

Lieu apprécié des gens du coin, cette ancienne soupe populaire sert des dîners simples à des prix avantageux. ◈ *Spuistraat 4 • plan N1 • 020 620 4018 • €.*

3 Café Hoppe

Ouvert depuis 1670, ce café brun au décor préservé, où se retrouvaient écrivains et intellectuels progressistes dans les années 1960, ne sert pas à manger. ◈ *Spui 18 • plan M5 • 020 420 4420.*

4 De Jaren

Dans une ancienne banque, ce grand-café sert des soupes, des sandwichs et de délicieux repas. En été, la terrasse au bord de l'eau est très courue. ◈ *Nieuwe Doelenstraat 20 • plan N5 • 020 625 5771.*

5 Het Schuim

La cuisine de ce grand bar rustique à la clientèle de créateurs ferme à 21 h 30. ◈ *Spuistraat 189 • plan M3 • 020 638 9357.*

6 Getto

Ce bar gay-friendly *(p. 53)* dispose également d'un restaurant ouvert le soir. On y mange des plats rustiques et copieux. Spécialités de hamburgers. ◈ *Warmoesstraat 51 • plan P2 • 020 421 5151 • www.getto.nl • €€.*

7 Greenwoods

Ce café de style salon de thé anglais sert de bons petits déjeuners et des repas en début de soirée. L'attente, parfois longue, en vaut la peine *(p. 50)*. ◈ *Singel 103 • plan M1 • 020 623 7071.*

8 Supperclub

Le sous-sol du restaurant abrite un bar *lounge* décadent. Tenue chic et branchée impérative. ◈ *Jonge Roelensteeg 21 • plan M3 • 020 344 6400.*

9 Brasserie Harkema

Établissement élégant disposant d'une spacieuse salle à manger. Choisissez le menu « brasserie parisienne » ou venez grignoter en fin de soirée. Groupes bienvenus. ◈ *Nes 67 • plan N4 • 020 428 2222 • €€€.*

10 Kapitein Zeppos

Ce charmant restaurant sert une cuisine française teintée d'influence méditerranéenne. ◈ *Gebed Zonder End 5 • plan N4 • 020 624 2057 • €€€.*

Catégories de prix

Pour un repas avec entrée, plat, dessert et une demi-bouteille de vin (ou repas équivalent), taxes et service compris.

€ moins de 20 €
€€ 20-30 €
€€€ 30-45 €
€€€€ 45-60 €
€€€€€ plus de 60 €

De Bierkoning

Autres bonnes adresses

1 Café Gollem
Ce pub sert une large sélection de *pilsners*, *ales* et *stouts*. Ses plats savoureux et un intérieur en bois confortable en font un paradis pour les amateurs de bière. ⊗ *Raamsteeg 4 • plan M4.*

2 Het Japanse Winkeltje
Magasin d'artisanat japonais proposant de très beaux bols laqués et en porcelaine de Chine, des carafes à saké et des kimonos. ⊗ *Nieuwezijds Voorburgwal 177 • plan M3.*

3 The American Book Center
Trois étages de livres, de journaux et de jeux. Non loin, une annexe, la Treehouse, accueille des conférences et des expositions d'art. ⊗ *Spui 12 • plan M5.*

4 De Bierkoning
Dans l'ombre du Palais royal de la place du Dam, le « Roi de la bière » propose près de 1 000 variétés du monde entier. ⊗ *Paleisstraat 125 • plan M3.*

5 DOM-CK
Magasin allemand de mode et de déco intérieure hyperbranché : écharpes en laine, rideaux de perles rétro... ⊗ *Spuistraat 281a-c • plan M4 • www.dom-shop.com*

6 P. G. C. Hajenius
Ce temple du cigare fondé en 1826 fait partie des adresses les plus appréciées des connaisseurs d'Europe. Il mérite une visite juste pour son intérieur Art déco. ⊗ *Rokin 92-96 • plan N3.*

7 Profiles Hair & Body Spa
Pour vous faire dorloter, rendez-vous dans ce Spa où les thérapeutes respectent les principes ayurvédiques et proposent des soins des cheveux, des mains et des pieds. ⊗ *Spuistraat 330 • plan M5 • 020 627 6337.*

8 Puccini Bomboni
Le paradis des amoureux du chocolat ! On y trouve des parfums étonnants : chocolats à la muscade, au *lemon-grass* ou au poivre. Les vrais accros opteront pour les grosses tablettes. ⊗ *Singel 184 • plan M2.*

9 Gastronomie Nostalgie
Ce magasin vend d'élégants articles de table pour des occasions spéciales. ⊗ *Nieuwezijds Voorburgwal 304 • plan M4.*

10 Bitterzoet
Assurées par des groupes en *live* ou des DJ, les animations musicales de ce club branché satisferont tous les goûts. ⊗ *Spuistraat 2 • plan N1 • 020 421 2318.*

Pages suivantes : **Vue sur le Prinsengracht**

Gauche **Maison flottante sur le Brouwersgracht** Droite **Amsterdam Tulip Museum**

Des îles occidentales à la Westerkerk

Pour beaucoup d'Amstellodamois, c'est ici que s'exprime le mieux l'esprit à la fois décontracté et stylé de leur ville. La construction de la Grachtengordel (p. 11) commença au XVIIe s., et l'urbaniste de la ville, Hendrick Staets, aménagea une zone marécageuse à l'ouest de ces 3 canaux destinés à l'élite pour y loger les ouvriers et les artisans dont les activités étaient interdites dans le centre. Des réfugiés huguenots s'y établirent, et le nom du quartier, Jordaan, découlerait du mot français jardin. À la fois populaire et bohème, il possède beaucoup de cachet avec ses rues étroites qui suivent le tracé d'anciens fossés de drainage et ses hofjes dont certains ont gardé leur fonction originelle. Au nord du charmant Brouwersgracht s'étendent le quartier d'Haarlemmerbuurt, réhabilité, puis les îles occidentales – Bickerseiland, Prinseneiland et Realeneiland – créées au XVIIe s. pour y installer des chantiers navals et des entrepôts.

Huis met de Hoofden

🔟 Les sites

1. Maison d'Anne Frank
2. Westerkerk
3. Homomonument
4. Huis met de Hoofden
5. Jordaan
6. Amsterdam Tulip Museum
7. Noordermarkt
8. Brouwersgracht
9. Haarlemmerbuurt
10. Îles occidentales

Maison d'Anne Frank

Ce musée très visité renferme l'*achterhuis* où se cachèrent la jeune Anne Frank et sa famille, et fournit des informations sur le sort des Juifs d'Amsterdam pendant la Seconde Guerre mondiale *(p. 32-33)*.

Westerkerk

Une vue panoramique récompense de l'effort que nécessite l'ascension du plus haut clocher d'Amsterdam *(p. 67)*. De style Renaissance, l'« église de l'Ouest », dessinée par Hendrick De Keyser et achevée en 1631, possède un intérieur très sobre en dehors de son buffet d'orgue. Rembrandt y repose, comme le rappelle un mémorial, mais l'emplacement de sa tombe reste inconnu. Remarquez, au pied de l'église, une émouvante statue d'Anne Frank et l'Homomonument, érigé à la mémoire des homosexuels persécutés par les nazis. ✆ *Prinsengracht 281* • *plan L2* • *020 624 7766* • *www.westerkerk.nl* • *église ouv. avr.-oct. : lun.-ven. 11h-15h (juil.-août. : aussi ouv. sam.), EG* • *tour ouv. avr.-oct. : vis. guid. ttes les 30 min lun. sam. 10h-18h (pour plus d'informations, appeler le 020 689 2565), EP.*

Homomonument

Le 1er monument au monde dédié aux hommes et femmes homosexuels morts pendant la Seconde Guerre mondiale rend également hommage aux homosexuels encore opprimés aujourd'hui. Il fut érigé en 1987, sur une idée de l'artiste néerlandaise Karin Daan. Il se compose de

Homomonument

3 triangles équilatéraux en granite rose : le 1er au niveau de la rue, le 2e descendant sur l'eau du canal Keizersgracht et le dernier légèrement surélevé – symbolisant le passé, le présent et l'avenir. Le triangle rose, à l'origine un insigne que les hommes homosexuels étaient obligés de porter dans les camps de concentration, est devenu le symbole de la « Gay Pride » dans les années 1970 et 1980. ✆ *Westermarkt (entre Westerkerk et Keisersgracht)* • *plan L2* • *trams 13, 14, 17* • *www.homomonument.nl*

Huis met de Hoofden

Construite en 1622 dans le style de la Renaissance hollandaise et parfois attribuée au fils d'Hendrick De Keyser, la « maison aux Têtes » doit son nom aux

Westerkerk

bustes de divinités latines – Apollon, Cérès, Mars, Minerve, Bacchus et Diane – qui ornent sa façade. ✆ *Keizersgracht 123* • *plan L2* • *ferm. au public hors des Monumentendagen (p. 70).*

Hazenstraat, Jordaan

Jordaan

Borné à l'est par le Prinsengracht, à l'ouest par le Lijnbaansgracht, au nord par le Brouwersgracht et au sud par le Looiersgracht, le Jordaan a conservé son dense réseau de ruelles et de canaux. Des boutiques de toutes sortes, de paisibles *hofjes* et d'accueillants cafés bruns dont les terrasses envahissent les trottoirs aux beaux jours agrémentent la balade dans cet ancien quartier ouvrier. ✆ *Plan K3.*

Amsterdam Tulip Museum

Les tulipes ont été introduites aux Pays-Bas à la fin du XVIe s., donnant naissance à une passion jamais démentie. Le musée de la Tulipe d'Amsterdam retrace l'histoire de la « plus dangereuse fleur du monde », grâce à des objets qui renseignent sur sa culture et des dispositifs interactifs qui relatent l'histoire de la fleur, depuis ses origines sauvages. Les visiteurs peuvent acheter des souvenirs et faire expédier des bulbes vers toute l'Europe ou l'Amérique.
✆ *Prinsengracht 112 • plan L2*
• *www. amsterdamtulipmuseum.com*
• *ouv. t.l.j. 10h-18h.*

Noordermarkt

Près de l'entrée de la Noorderkerk *(p. 42)*, lieu de culte protestant toujours en activité, une sculpture commémore la *Jordaanoproer* (« révolte du Jordaan ») dont les manifestations, provoquées en 1934 par une réduction des allocations-chômage, firent 7 victimes. La place accueillit son 1er marché en 1627. Aujourd'hui, des éventaires de puces s'y installent le mercredi, tandis qu'a lieu le samedi le *boerenmarkt*, réputé pour ses produits bio. ✆ *Plan D2*
• marché aux puces Noordermarkt : lun. 9h-13h • Boerenmarkt : sam. 9h-16h.

Brouwersgracht

À l'intersection du Brouwersgracht et du Prinsengracht, le panorama est exceptionnel. Avec ses adorables ponts et ses péniches pittoresques, le Brouwersgracht est un paradis pour les romantiques (et les photographes). Pourtant, un employé de brasserie *(brouwer)* du XVIIe s. aurait du mal à croire que les entrepôts à pignon à bec de cet ancien canal industriel nauséabond aient pu être convertis en résidences privées ultra-chic – les nos 188-194, par exemple. ✆ *Plan D1.*

Hofjes Zon's et De Star

Secrets et intimes, les *hofjes* d'Amsterdam – hospices construits par de riches marchands aux XVIIe et XVIIIe s. – font partie du charme de la ville. Les portes discrètes ouvrent sur de jolies maisons, dont certaines ont conservé leur vocation d'origine. Deux des plus ravissantes *hofjes* sont Zon's et De Star, sur le Prinsengracht *(p. 66)*. Il est possible de les visiter du lundi au vendredi.

9 Haarlemmerbuurt

Les rues animées de ce quartier résidentiel ont vu ouvrir toutes sortes de boutiques, la brocante voisinant avec la haute couture, le new age avec le design, et les commerces alimentaires spécialisés avec les épiceries de proximité. L'Haarlemmerstraat renferme la Westindisch Huis, jadis siège de la Compagnie des Indes occidentales *(p. 45)*. L'Haarlemmerpoort, porte de la ville construite en 1840 pour l'entrée de Guillaume II, se dresse à l'ouest. Elle a été transformée en immeuble d'appartements. Au-delà s'étendent le Westerpark *(p. 68)* et le terrain de la Westergasfabriek, une usine à gaz transformée en centre culturel. ◐ *Plan D1.*

10 Îles occidentales

Bien qu'elles fassent partie intégrante de la ville, ces 3 îles artificielles, créées au début du XVIIe s. avec les déblais de la Grachtengordel *(p. 11)*, dégagent une impression d'isolement. Sur Realeneiland, ne manquez pas le quai de Zandhoek, où se tenait jadis un marché au sable, et son rang de charmantes maisons du XVIIe s. De nombreux artistes occupent des ateliers dans les entrepôts, ouverts au public chaque année en mai lors des Open Ateliers Westelijke Eilanden. ◐ *Plan D1.*

Chantier naval, Prinseneiland

Un jour dans le quartier

Le matin

🕐 Levez-vous tôt pour arriver avant la foule à la **Maison d'Anne Frank** *(p. 32-33)*. Suivez ensuite sans vous presser le Prinsengracht jusqu'aux îles occidentales, après avoir peut-être grimpé au sommet de la tour de la **Westerkerk** *(p. 91)*. En chemin, jetez un coup d'œil aux cours intérieures des *hofjes* **Zon's** et **De Star** *(p. 92)*. Papeneiland, un minuscule café brun fondé en 1642 à la jonction du Prinsengracht et du Brouwersgracht, offre un cadre chaleureux à une étape reposante.

Sur les **îles occidentales**, vous pourrez déjeuner sur le Zandhoek de Realeneiland à De Gouden Reael (Zandhoek 14). Bickerseiland abrite la Dierencapel, la ferme des enfants.

L'après-midi

En route pour le Jordaan, les adeptes du lèche-vitrines ne résisteront pas aux boutiques contrastées de l'**Haarlemmerbuurt**. Ne manquez pas l'extravagant Café Dulac (Haarlemmerstraat 118) et le restaurant à la façade la plus étroite du monde : De Groene Lanteerne (Haarlemmerstraat 43).

Laissez-vous guider par le hasard pour découvrir le **Jordaan**, avant de vous mêler à la foule dans un bar branché du Noordermarkt – Finch ou Proust – ou dans le très kitsch Café Nol de la Westerstraat. Pour dîner, Manzano *(p. 95)* vous proposera de bonnes tapas et de la sangria.

Gauche **'t Smalle** Droite **Café Finch**

🔟 Bars et cafés

't Arendsnest
L'endroit où découvrir la bière néerlandaise, avec plus de 350 variétés. Il est possible de réserver en ligne des dégustations de groupe.
◈ *Herengracht 90 • plan M1 • 020 421 2057 • www.arendsnest.nl*

Duende
D'un bon rapport qualité/prix, ce bar à tapas du Jordaan possède une ambiance authentique. Des musiciens de flamenco s'y produisent régulièrement. ◈ *Lindengracht 62 • plan C2 • 020 420 6692 • €€.*

Café Finch
Ce bar du Noordermarkt est parfois véritablement bondé. En été, la clientèle déborde sur la place. ◈ *Noordermarkt 5 • plan D2 • 020 626 2461.*

Café P96
Ce bar tranquille ouvre vers 20 h et ferme tard. Aux beaux jours, son éclairage donne un air de conte de fées à la terrasse sur une péniche.
◈ *Prinsengracht 96 • plan L1 • 020 622 1864.*

Harlem
Ce café rustique propose une cuisine variée et saine, ainsi que de copieux sandwichs et milkshakes aux fruits.
◈ *Haarlemmerstraat 77 • plan D2 • 020 330 1498.*

Stout !
Café minimaliste attirant une foule branchée venue découvrir les dernières tendances de la cuisine internationale et des vins raffinés. ◈ *Haarlemmerstraat 77 • plan D2 • 020 616 3664 • €€€.*

't Smalle
Ce bar à vins sur 2 niveaux est un incontournable.
◈ *Egelantiersgracht 12 • plan L1 • 020 623 9617.*

Café Sound Garden
Malgré les tatouages, les piercings et le côté « grunge », une atmosphère géniale règne dans ce bar qui sert à la pression des bières peu connues. Grande terrasse au bord de l'eau. ◈ *Marnixstraat 164-166 • plan J3 • 020 620 2853.*

Tabac
Ce café brun a succombé à la vogue du *lounge*.
◈ *Brouwersgracht 101 • plan D2 • 020 622 4413.*

Café De Twee Zwaantjes
Ouvert du milieu d'après-midi jusqu'aux premières heures du matin, les « Deux Cygnes » est un bar authentique du Jordaan. On y boit un verre au son de l'accordéon.
◈ *Prinsengracht 114 • plan L2 • 020 625 2729.*

Catégories de prix

Pour un repas avec	**€** moins de 20 €
entrée, plat, dessert et	**€€** 20-30 €
une demi-bouteille de vin	**€€€** 30-45 €
(ou repas équivalent),	**€€€€** 45-60 €
taxes et service compris.	**€€€€€** plus de 60 €

Spanjer en Van Twist

10 Restaurants

1 Balraj
Ce restaurant indien, un des meilleurs de la ville, compte la sœur de la reine Beatrix parmi ses clients fidèles. ◈ *Haarlemmerdijk 28 • plan D1 • 020 625 1428 • €€.*

2 Lieve Belgian Restaurant
De la cuisine belge satisfaisante et abordable, servie avec des chips grasses et lodues. ◈ *Herengracht 88 • plan M1 • 020 624 9365 • www.restaurantlieve.nl • €€€.*

3 De Bolhoed
Ce restaurant, l'un des plus agréables du quartier, propose une délicieuse cuisine végétarienne et une redoutable sélection de desserts.
◈ *Prinsengracht 60 • plan L1 • 020 626 1803 • €€.*

4 Christophe
Le chef de formation classique Jean-Joel Bonsens apporte sa touche personnelle à des plats français traditionnels.
◈ *Leliegracht 46 • plan L2 • 020 625 0807 • €€€€€.*

5 Foodism
Une cuisine méditerranéenne à prix décents. Calamars et agneau mariné et grillé sont recommandés.
◈ *Nassaukade 122 • plan B3 • 020 486 8137 • www.foodism.nl*

6 Werck
À quelques mètres de la maison d'Anne Frank *(p. 32-33)*, cet établissement de style « salon » sert des plats internationaux inventifs.
◈ *Prinsengracht 277 • plan K2 • 020 627 4079 • €€€.*

7 Manzano
On accède à cet authentique restaurant à tapas espagnol par une cour. Bon menu peu coûteux accompagné de sangria. ◈ *Rozengracht 106 • plan K3 • 020 624 5752 • €€.*

8 Spanjer en Van Twist
La banquette sous la fenêtre du 2nd étage constitue l'endroit idéal où prendre un peu de repos. ◈ *Leliegracht 60 • plan L2 • 020 639 0109 • €€.*

9 Toscanini
Malgré sa situation dans un quartier tranquille et sa taille trompeuse (l'intérieur est immense), cet excellent restaurant italien affiche vite complet. ◈ *Lindengracht 75 • plan C2 • 020 623 2813 • €€€.*

10 De Vliegende Schotel
De délicieux plats végétariens et végétaliens, avec une large sélection de vins biologiques et de bières.
◈ *Nieuwe Leliestraat 162-168 • plan K2 • 020 625 2041 • €€.*

Gauche **G.D.E. Jongejans** Droite **Mechanisch Speelgoed**

Boutiques

Back Beat
Jools Holland et Mick Jagger sont passés dans ce magasin de disques neufs et d'occasion spécialisé dans le jazz, la soul, le funk et le RnB.
◈ *Egelantiersstraat 19 • plan L1.*

Quinta
Ce caviste est le seul de la ville à vendre de l'absinthe authentique, mais aussi le traditionnel genièvre néerlandais ou des vins à la pression. Apportez votre bouteille ou achetez-en une dans la boutique.
◈ *Niewe Leliestraat 4 • plan K2.*

Big Shoe
Les très grandes pointures se chaussent ici avec élégance.
◈ *Leliegracht 12 • plan L2.*

SPRMRKT
Spacieux et étonnant, ce magasin est un « must » absolu pour les passionnés de mode. Il vend des vêtements, des accessoires, des meubles et des tissus rétro.
◈ *Rozengracht 191-193 • plan J3.*

G.D.E. Jongejans
Ce spécialiste des montures de lunettes anciennes propose une sélection commençant au début du XIXe s.
◈ *Noorderkerkstraat 18 • plan D2.*

Unlimited Delicious
Savourez l'excellent chocolat chaud, les bonbons et les pâtisseries aux sublimes parfums de ce pâtissier-chocolatier renommé qui propose aussi des ateliers.
◈ *Haalemmerstraat 122 • plan D2.*

Kitsch Kitchen
Des accessoires colorés pour la cuisine et une bonne sélection de jouets amusants pour les enfants, notamment des *piñatas* mexicaines.
◈ *Rozengracht 8-12 • plan K3.*

Mechanisch Speelgoed
Les jouets mécaniques ou simplement d'une autre époque font rêver... à la vie avant l'apparition de la Xbox (ferm. mer.). ◈ *Westerstraat 67 • plan D2.*

Pasta Panini
Ce splendide traiteur italien permet de s'approvisionner en *ciabattas* fraîchement farcies, lasagnes maison, ainsi qu'en biscuits, soupes, sauces et vins.
◈ *Rozengracht 82 • plan K3.*

Papabubble
Ici, les artisans du caramel fabriquent à la main et sur place leur confiserie unique. Citron vert et bergamote de Tahiti font partie des parfums proposés.
◈ *Haarlemmerdijk 70 • plan D1.*

À gauche **GO Gallery** Droite **Pancake Bakery**

10 Autres bonnes adresses

1 The Movies
Haut lieu d'Amsterdam, ce cinéma d'art et d'essai créé en 1912 abrite désormais un restaurant et un café. On peut y voir des films internationaux et des productions indépendantes.
◉ *Haarlemmerdijk 161-163 • plan D1.*

2 Architectura & Natura
Libraire et éditeur spécialisé en architecture, jardinage et histoire naturelle. Le personnel y connaît et vous y trouverez quelques livres en français.
◉ *Leliegracht 22 • plan L2.*

3 't Geveltje
Tous les jeudis soir, des débutants et des professionnels font le bœuf ensemble dans ce célèbre bar de jazz du Jordaan.
◉ *Bloemgracht 170 • plan J2.*

4 GO Gallery
Accueillante galerie de quartier abritant des expositions d'œuvres d'art figuratif et abstrait réalisées par des artistes internationaux.
◉ *Prinsengracht 64 • plan L1.*

5 Meeuwig & Zn.
Ce détaillant propose un large choix d'huiles d'olive méditerranéennes. Également en vente : vinaigres, moutardes et épices. ◉ *Haarlemmerstraat 70 • plan D2.*

6 Two for Joy
Ce petit torréfacteur indépendant sert un des meilleurs cafés en ville, torréfié chaque jour sur place. Gâteaux, petit déjeuner et déjeuner sont proposés, ainsi que des sachets de café à déguster à la maison.
◉ *Haarlemmerdijk 182 • 020 221 9552.*

7 Petticoat
Vêtements et accessoires *vintage* incluant une importante sélection de robes et jupons *(petticoats)* des années 1950.
◉ *Lindengracht 99 • plan D2.*

8 Pancake Bakery
Ce restaurant installé dans un entrepôt du XVIIe s. est très touristique. Vous y dégusterez toutes sortes de crêpes.
◉ *Prinsengracht 191 • plan L1.*

9 Paradox
Ce coffee-shop est en lui-même un paradoxe, car l'« herbe » y est discrète. Des produits frais, une cuisine légère et un intérieur clair en font une bonne adresse pour prendre un petit déjeuner ou un déjeuner. ◉ *Eerste Bloemdwarsstraat 2 • plan K2.*

10 Small World
Snacks, sandwichs copieux et frais, et gâteaux savoureux. ◉ *Binnen Oranjestraat 14 • plan D1.*

Gauche **Robots en vente au Looier Kunst en Antiekcentrum** Droite **Leidseplein la nuit**

Du Felix Meritis au Tournant d'or

Les trois plus prestigieux canaux d'Amsterdam – l'Herengracht, le Keizersgracht et le Prinsengracht – présentent leur visage le plus distingué dans cette partie centrale de la Grachtengordel (p. 11), en particulier au Tournant d'or, où les plus riches armateurs et négociants firent bâtir de majestueuses demeures dans les années 1660. Dessinées et décorées par les meilleurs architectes de l'époque, tel Philips Vingboons, elles étaient souvent deux fois plus larges que les maisons de canaux. La plupart sont aujourd'hui occupées par des institutions. Très différentes, De Negen Straatjes (les « Neuf Rues ») perpendiculaires aux 3 canaux témoignent de l'imagination des Amstellodamois dans le domaine du commerce. Plus classique, le grand magasin Metz & Co ménage depuis son café une vue panoramique du quartier et de son artère principale, l'élégante Leidsestraat. Celle-ci aboutit au sud-ouest au Leidseplein, pôle animé et clinquant de la vie nocturne où s'élève le spectaculaire American Hotel de style Art nouveau.

Tourelle de 1891, Metz & Co

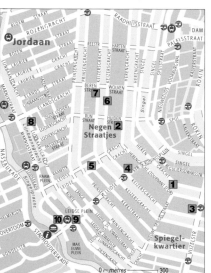

Les sites

1 Tournant d'or
2 Bijbels Museum
3 Stadsarchief
4 Metz & Co
5 Leidsegracht
6 Negen Straatjes
7 Felix Meritis
8 Looier Kunst en Antiekcentrum
9 Leidseplein
10 Amsterdam American Hotel

Jardin du Bijbels Museum

1 Tournant d'or

La portion du Herengracht située entre la Vijzelstraat et la Leidsestraat est appelée « Tournant d'or » (Gouden Bocht) en raison de la fortune de ses premiers résidents. La maison au n° 475, influencée par le style Louis XIV, passe pour la plus belle de la ville, tandis qu'un aigle couronne l'immeuble au n° 476, remanié dans les années 1730. Le Kattenkabinet, au n° 497, est ouvert aux personnes appréciant les chats : la collection d'art de ce musée original leur est en effet entièrement consacrée. ✪ *Kattenkabinet : Herengracht 497 • plan M6 • 020 626 9040 • www.kattenkabinet.nl • ouv. lun.-ven. 10h-16h, sam.-dim. 12h-17h • EP.*

2 Bijbels Museum

L'Herengracht possède bien plus de charme entre la Huidenstraat et la Leidsestraat qu'au Tournant d'or. Aux n°s 364-70, le musée de la Bible occupe deux des quatre maisons bâties par Philips Vingboons en 1662. La collection comprend la 1re Bible imprimée en Hollande. Vous pourrez aussi admirer des plafonds peints par Jacob De Wit ou faire un tour dans le paisible jardin. ✪ *Herengracht 366-368 • plan L5 • 020 624 2436 • www.bijbelsmuseum.nl • ouv. lun.-sam. 10h-17h, dim. 11h-17h • ferm. 1er janv., 30 avr. • EP.*

3 Stadsarchief

Les archives municipales d'Amsterdam ont déménagé de leur ancienne adresse à Amsteldijk pour s'installer dans cet imposant bâtiment conçu en 1926 par l'architecte De Bazel, de l'école d'Amsterdam. L'édifice, l'un des plus grands du centre-ville, abritait auparavant le siège de la Netherlands Trading Corporation (actuellement la banque d'affaires ABN Amro). Il a conservé de nombreux éléments d'époque. ✪ *Vijzelstraat 32 • plan N6 • tram 16, 24, 25 • 020 251 1511 • www.stadsarchief.amsterdam.nl • ouv. mar.-ven. 10h-17h, sam.-dim. 12h-17h • ferm. les j.f.*

4 Metz & Co

Cet édifice de la fin du XIXe s. abrite 7 étages de produits de luxe et ménage une vue superbe depuis sa coupole et son café. Construit pour une compagnie d'assurances en 1891, il fut racheté en 1908 par le grand magasin Metz & Co. Gerrit Rietveld ajouta sa gracieuse coupole vitrée en 1930. Après avoir acquis l'établissement en 1973, la société Liberty of London commanda à Cees Dam le café du 6e étage. ✪ *Leidsestraat 34-36 • plan L6 • 020 520 7020 • www.metz-co.com • ouv. lun. 11h-18h, mar.-sam. 9h30-18h, dim. 12h-17h.*

Le Stadsarchief

Leidsegracht

5 Le « canal de Leyde », aux belles maisons superbement entretenues, est l'une des adresses les plus recherchées d'Amsterdam. À l'angle avec l'Herengracht, au n° 394 de ce canal, une plaque murale montre les personnages d'une légende médiévale : les *4 Heemskinderen* (les 4 fils Aymon) sur leur cheval Beyaart (Bayard). Une autre plaque, au n° 39 Leidsegracht, rend hommage à Cornelis Lely, maître d'œuvre de la transformation du Zuiderzee en lac d'eau douce. ◈ *Plan K6.*

Negen Straatjes

6 Bordées par le Prinsengracht à l'ouest, la Raadhuisstraat au nord, le Leidsegracht au sud et le Singel à l'est, les « Neuf Rues » étaient jadis un centre de commerce du cuir. Agréables à découvrir à pied, elles abondent aujourd'hui en boutiques amusantes et parfois excentriques comme De Witte Tandenwinkel, dédiée aux brosses à dents *(p. 104)*. Ne manquez pas le Brilmuseum, un commerce et musée entièrement consacré aux lunettes, anciennes et actuelles ◈ *Plan L4 • Brilmuseum : Gasthuismolensteeg 7, 020 421 2414, ouv. mer.-sam. 12h-17h, www.brilmuseumamsterdam.nl*

Les maisons flottantes

Populaires depuis la pénurie de logements de la fin de la guerre, les embarcations considérées comme des « domiciles » sont environ 2 500. Elles sont raccordées au réseau d'électricité et d'eau de la ville, et les eaux usées sont pompées vers des installations à quai. Vous en saurez davantage en vous rendant au Woonbootmuseum, amarré en face du n° 296 Prinsengracht.

Felix Meritis

Felix Meritis

7 Ce théâtre néoclassique dessiné en 1787 par Jacob Otten Husly tranche avec les façades à pignon du Keizersgracht. Commandé par la société Felix Meritis (« Heureux par le mérite ») et réputé pour l'acoustique de sa salle de concert, il devint au XIXᵉ s. un des pôles de la vie musicale de la ville. Occupé un temps par le Parti communiste néerlandais (CPN), puis, dans les années 1970, par la compagnie de théâtre d'avant-garde Shaffy, il abrite aujourd'hui un Centre européen des arts, de la culture et de la science. ◈ *Keizersgracht 32 • plan L4 • 020 623 1311 • www.felix.meritis.nl*

Looier Kunst en Antiekcentrum

8 Si vous êtes en quête d'objets anciens et que vous trouvez que les boutiques du Spiegelkwartier *(p. 112)* sont trop chères et guindées, tentez votre chance dans ce dédale de salles en rez-de-chaussée proche du Looiersgracht (« canal des Tanneurs »). Une centaine d'éventaires en font le plus grand centre de vente d'antiquités des Pays-Bas. Le choix est très vaste et les particuliers peuvent aussi y louer un stand. ◈ *Elandsgracht 10 • plan J5 • ouv. sam.-jeu. 11h-17h • www.looier.com*

9 Leidseplein

Le pôle touristique d'Amsterdam penche davantage vers le mauvais goût que vers la sophistication et peut devenir très bruyant la nuit. Mais il y règne une joyeuse animation, en particulier quand s'y produisent des artistes de rue, allant du cracheur de feu à une famille de chanteurs de variétés. Le Leidseplein est un lieu de rencontre naturel où se serrent kiosques de restauration rapide, cafés et coffee-shops. Melkweg, le Paradiso et le Holland Casino, hauts lieux de la vie nocturne, sont seulement à quelques pas. Une place adjacente, le Max Euweplein *(p. 116)*, renferme un jeu d'échecs géant et le tout petit parc Leidsebos une sculpture cachée. ◈ *Plan C5.*

10 Amsterdam American Hotel

Déclinaison originale de l'Art nouveau, l'édifice le plus remarquable du Leidseplein, œuvre de Willem Kromhout, date de 1902. Le Café américain y a conservé un somptueux décor Art déco où vitraux et lustre sont à l'honneur. Le reste de l'intérieur est sans intérêt, car il possède la banalité propre aux hôtels de chaîne (ici le groupe Eden). ◈ *Leidsekade 97* • *020 556 3000* • *plan C5.*

L'Amsterdam American Hotel

Un jour dans le quartier

Le matin

🕙 Une promenade en bateau sur les canaux offre une excellente introduction à ce quartier dont le cœur est la Grachtengordel. Les vedettes d'Amsterdam Canal Cruises partent du Stadhouderskade, en face de la brasserie Heineken, non loin du **Leidseplein** où vous pourrez prendre un rafraîchissement au **Café américain**.

Suivez le Prinsengracht qui passe devant le palais de justice jusqu'à l'élégant **Leidsegracht**. Essayez de pousser jusqu'au marché d'antiquités du **Looier**, avant de déjeuner dans l'un des cafés bruns Van Puffelen ou Het Molenpad, ou au moderne Walem *(p. 102)*.

L'après-midi

Lancez-vous à l'assaut des **Negen Straatjes**, un paradis pour les amateurs de lèche-vitrines insolites. Vous pourrez vous laisser tenter par la Chocolaterie Pompadour *(p. 104)*, ou bien découvrir à quel point les bateliers vivaient dans un espace exigu en visitant le Houseboat Museum, qui occupe une jolie péniche amarrée sur le Prinsengracht, en face de l'Elandsgracht.

Rejoignez ensuite l'Herengracht pour admirer ses joyaux architecturaux aux environs du **Bijbels Museum** et du **Tournant d'or** *(p. 99)*. S'il n'est pas encore trop tard, concluez l'après-midi en contemplant de haut le quartier que vous avez exploré depuis le café de **Metz & Co** *(p. 99)*.

→ *Promenades en bateau sur les canaux* p. 10 et 136

Gauche **The Bar With No Name** Droite **Van Puffelen**

TOP 10 Bars

De Admiraal
1 « L'Amiral » est l'une des *proeflokalen* (« maisons de dégustation ») les plus élégantes de la ville et offre l'avantage de rester ouverte tard. ◎ *Herengracht 319 • plan L4 • 020 625 4334 • €€€.*

The Bar With No Name
2 Appelé « Wolvenstraat 23 » par les habitués – surtout de jeunes prodiges de la publicité et autres nantis – ce bar-restaurant aménagé dans le style *lounge* des années 1970 sert du matin au soir des sandwichs, des soupes et des plats asiatiques imaginatifs. ◎ *Wolvenstraat 23 • plan L4 • 020 320 0843 • €€.*

Café de Pels
3 Ce bar de quartier sans prétention, où une grande table près de la fenêtre permet de lire les journaux, est un bon endroit où se remettre, le dimanche, d'une soirée trop arrosée : le petit déjeuner y est servi jusqu'à 13 h 30. ◎ *Huidenstraat 25 • plan L5.*

Walem
4 Lumineux et minimaliste à l'intérieur, ce café dessiné par l'architecte Gerrit Rietveld, membre éminent du mouvement De Stijl, possède 2 terrasses. ◎ *Keizersgracht 449 • plan L6.*

Lux
5 Un DJ officie tous les soirs dans ce bar de styliste sur 2 niveaux. ◎ *Marnixstraat 403 • plan K6.*

Het Molenpad
6 Ce café brun se trouve entre la Frozen Fountain *(p. 105)* et la Leidsestraat. ◎ *Prinsengracht 653 • plan K5 • 020 625 9680 • €€.*

Vyne
7 Bar à vins et épicerie fine italienne dont l'intérieur a été réalisé par la société d'architectes Concrete. ◎ *Prinsengracht 411 • plan K4.*

Café Saarein
8 Les hommes sont de nouveau les bienvenus dans ce bar qui n'acceptait que les femmes. Les plats sont simples et savoureux. ◎ *Elandsstraat 119 • plan K4.*

Van Puffelen
9 Le plus grand café brun de la ville attire une clientèle élégante. ◎ *Prinsengracht 377 • plan K3 • 020 624 6270 • €€.*

De Zotte
10 Ce bar belge propose un immense choix de bières et une cuisine savoureuse. ◎ *Raamstraat 29 • plan K6 • 020 626 8694 • €€.*

Catégories de prix

Pour un repas avec	€ moins de 20 €
entrée, plat, dessert et	€€ 20-30 €
une demi-bouteille de vin	€€€ 30-45 €
(ou repas équivalent),	€€€€ 45-60 €
taxes et service compris.	€€€€€ plus de 60 €

Los Pilones

🍴10 Restaurants

1 Restaurant Vinkeles

Au sein du somptueux hôtel The Dylan *(p. 144)*, ce restaurant étoilé au *Michelin* est célèbre dans le monde entier pour sa cuisine française moderne et innovante. ® *Keizersgracht 384 • plan L4 • 020 530 2010 • €€€€€.*

2 Bojo

Cet indonésien bon marché et sans prétention reste ouvert plus tard que la plupart de ses concurrents. ® *Lange Leidsedwarsstraat 49-51 • plan D5 • 020 622 7434 • €.*

3 Goodies

Au cœur des Neuf Rues, le Goodies propose des soupes, des salades et des sandwichs sains et savoureux dans la journée, et d'excellentes pâtes le soir. ® *Huidenstraat 9 • plan L5 • 020 625 6122 • €€.*

4 Los Pilones

Cette petite *cantina* mexicaine sert des spécialités authentiques. ® *Kerkstraat 63 • plan L6 • 020 320 4651 • €€€.*

5 Sumo

Un intérieur japonisant couplé à un buffet garni de sushis, makis faits maison et currys. Des prix très raisonnables pour ce quartier. ® *Korte Leisedwarsstraat 51 • plan K6 • 020 423 5131 • €€.*

6 Balthazar's Keuken

Réservez à l'avance pour ce restaurant unique, qui sert uniquement des menus à 3 plats. ® *Elandsgracht 108 • plan K4 • 020 420 2114 • ouv. mer.-ven. (sam.-mar. sur demande) • €€€.*

7 Nomads

Ici, on dîne allongé, servi dans des plats en bronze. Le week-end, des DJ apportent leur contribution à l'ambiance arabe. ® *Rozengracht 133 • plan J3 • 020 344 6401 • €€€€.*

8 Rakang

Rakang est l'une des meilleures tables thaïlandaises en ville. Les plats à emporter sont aussi bons. ® *Elandsgracht 29-31 • plan K4 • 020 620 9551 • €€€.*

9 Envy

Il compte parmi les meilleurs restaurants d'Amsterdam. Les chefs mélangent habilement les saveurs pour concocter de délicieuses spécialités méditerranéennes. ® *Prinsengracht 381 • plan K4 • 020 344 6407 • €€€.*

10 Wagamama

Restauration rapide, service lent, mais il y a pire pour un déjeuner vite pris. Ne manquez pas la partie sur l'échiquier géant. ® *Max Euweplein 10 • plan C5 • 020 528 7778 • €€.*

Gauche **Pontifex** Droite **Skins Cosmetics**

🔟 Boutiques (Neuf Rues)

1 Bakkerij Paul Année
Cette boulangerie biologique cuit le meilleur pain d'Amsterdam et offre un bon choix d'en-cas : viennoiseries, pizzas, *broodjes* au tofu ou galettes sans sucre. ⊛ *Runstraat 25 • plan K5.*

2 Skins Cosmetics
Ce magasin ultra-sobre de style laboratoire vend des parfums et des produits de beauté haut de gamme. ⊛ *Runstraat 9 • plan K5 • www.skins.nl*

3 De Kaaskamer
« La Chambre du fromage » propose un assortiment de plus de 200 variétés de l'un des meilleurs produits d'exportation des Pays-Bas. ⊛ *Runstraat 7 • plan K5.*

4 Van Ravenstein
Magasin chic vendant des vêtements réalisés par de célèbres couturiers néerlandais, belges et français. ⊛ *Keisersgracht 359 • plan L5.*

5 Brilmuseum/ Brillenwinkel
Ce fascinant musée et magasin de lunettes, hébergé dans un bâtiment de 1620, explore l'histoire des lunettes et vend des montures très anciennes et des modèles contemporains *(p. 100).*

6 Pontifex
Toutes les sortes de bougies imaginables composent un capharnaüm coloré. À côté, le cabinet du docteur de poupées Kramer fait un peu froid dans le dos. ⊛ *Reestraat 20 • plan K3.*

7 Chocolaterie Pompadour
Vous accumulez déjà des calories en regardant simplement la vitrine de cette élégante chocolaterie. Goûtez aux fameux chocolats maison ou aux délicieuses tartes. ⊛ *I luidenstraat 12 • plan L5.*

8 Fifties-Sixties
Parmi les joyaux rétro des années 1950 et 1960 à découvrir dans cette boutique, on remarque d'emblématiques grille-pain et une profusion de cendriers et lampes en chrome. ⊛ *Reestraat 5 • plan L3.*

9 De Witte Tandenwinkel
Les brosses à dents prennent ici toutes les formes et dimensions qu'il est possible de concevoir. Elles ont même intéressé Mick Jagger. ⊛ *Runstraat 5 • plan L5.*

10 Zipper
Une présentation impeccable rend leur lustre à des habits et accessoires *vintage.* ⊛ *Huidenstraat 7 • plan L5.*

Gauche **Frozen Fountain** Droite **Melkweg**

⑩ Autres bonnes adresses

1 Bagels & Beans
On vient ici déguster des douceurs américaines – cookies ou cheese-cake – et des jus de fruits frais. ◎ *Keizersgracht 504 • plan L5.*

2 Ben & Jerry's
Régalez l'enfant qui sommeille en vous en dégustant de délicieuses glaces.
◎ *Leidsestraat 90 • plan K6.*

3 Frozen Fountain
« Fontaine gelée » est sans doute l'espace d'exposition de mobilier et d'accessoires pour la maison le plus important d'Amsterdam. Le choix de créations de stylistes et la place accordée à de jeunes talents en ont fait un magasin à la réputation internationale.
◎ *Prinsengracht 645 • plan K5.*

4 Urban Home & Garden Tours
Le jardinier paysagiste André Ancion organise des visites guidées derrière les façades des maisons de canal les plus remarquables. ◎ *062 168 1918 • www.uhgt.nl*

5 Melkweg
Ex-centre culturel alternatif dans les années 1970, cette ancienne laiterie propose concerts, cinéma, théâtre, expositions, projections vidéo et un bar *(p. 57).*

6 Paradiso
Le Velvet Underground et Macy Gray se sont produits dans ce temple du rock. La petite salle à l'étage accueille souvent de futures stars encore inconnues.
◎ *Weteringschans 6-8 • plan C5 • 020 626 4521 • www.paradiso.nl*

7 Hotel Pulitzer
Un dimanche par mois, cet hôtel prestigieux propose un brunch suivi d'un concert d'opéra. En août, dans le cadre du Grachtenfestival *(p. 70-71)*, un récital de musique classique se déroule en plein air sur une péniche amarrée devant.
◎ *Prinsengracht 315-331 • plan K3.*

8 Cortina Papier
Les amoureux de l'écriture apprécieront les encres, papiers, livres et albums reliés main.
◎ *Reestraat 22 • plan K3.*

9 Raïnaraï
Charmante épicerie fine algérienne proposant des plats authentiques préparés avec des épices d'Afrique du Nord. Vente à emporter, quelques places à l'intérieur.
◎ *Prinsengracht 252 • plan K3.*

10 Japan Inn
Petit mais très populaire, cet endroit sert d'excellents sushis. ◎ *Leidse-kruisstraat 4 • plan D5.*

Visiter Amsterdam - Du Bloemenmarkt au Singelgracht

Gauche **Munttoren** Droite **Chariot à bière d'Heineken Experience**

Du Bloemenmarkt au Singelgracht

L'*extension vers l'est de la Grachtengordel (p. 11) entreprise en 1663 permit de mettre à la disposition des marchands fortunés de nouvelles parcelles où ils élevèrent des demeures d'un luxe sobre. Le Museum Van Loon et le Museum Willet-Holthuysen ont investi deux de ces maisons. Sur la rive de l'Amstel, la Munttoren rappelle l'exiguïté de l'Amsterdam médiévale, car sa base est un vestige de la Regulierspoort, une ancienne porte fortifiée des remparts. Non loin, la place du Rembrandtplein, bordée de nombreux cafés, offre un cadre animé où il fait bon prendre un verre en début de soirée. Les amateurs de shopping auront le choix entre le grand marché populaire, l'Albert Cuypmarkt, les luxueuses boutiques d'antiquités du Spiegelkwartier et les éventaires de fleurs du célèbre marché flottant du Bloemenmarkt. Le cinéma Tuschinski, inauguré en 1921, permet de voir un film dans un décor extraordinaire. Une dégustation conclut la visite de la brasserie Heineken.*

Cinéma Tuschinski

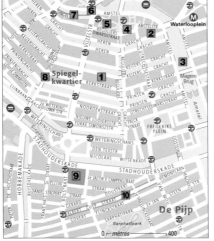

Les sites

Museum Van Loon
1 Ce musée offre l'occasion de découvrir l'intérieur d'une demeure de canal tel qu'y vivaient les riches familles marchandes au XVIIIe s. *(p. 30-31).*

Museum Willet-Holthuysen
2 Cette demeure de canal du XVIIe s. possède une atmosphère particulière, à la fois rigide et mélancolique, même si elle ne donne pas l'impression, comme le Museum Van Loon, d'avoir été récemment habitée. Ses pièces d'apparat au décor solennel – la salle de bal, le salon Bleu jadis réservé aux hommes et orné d'une peinture par Jacob De Wit, la salle à manger et le salon du Jardin donnant sur des parterres à la française – abritent toujours les collections de peintures, de verrerie, de porcelaine et d'argenterie de ses derniers occupants, Abraham Willet et Louisa Holthuysen. Cette dernière, n'ayant pas d'enfants, légua à la ville en 1895 la maison et ses trésors. Le dernier étage est consacré aux Willet et à leur collection d'art. ◈ *Herengracht 605 • plan P6 • trams 4, 9, 14 • 020 523 1822 • www.willetholthuysen.nl • ouv. lun.-ven. 10h-17h, sam.-dim. 11h-17h • ferm. 1ᵉʳ janv., 30 avr., 25 déc. • EP.*

Museum Willet-Holthuysen

Magere Brug

Amstel
3 Une visite d'Amsterdam ne saurait être complète sans une promenade le long de la rivière dont l'endiguement, en 1222, permit à un modeste village de pêcheurs de se développer grâce au commerce. Le cours d'eau reste emprunté par des péniches. Elles passent sous le Blauwbrug, le « pont Bleu » de style Belle Époque, inspiré du pont Alexandre-III de Paris, et imposent le relèvement du Magere Brug *(p. 11)* avant d'atteindre les Amstelsluizen. Ces écluses du XVIIIe s. jouent toujours un rôle actif dans le système complexe qui assure le renouvellement de l'eau des canaux. ◈ *Plan P5 • trams 4, 7, 9, 10, 14.*

Rembrandtplein
4 L'ancien marché au beurre, où se dressait jadis une halle, prit son nom actuel en 1876, quand une statue de Rembrandt fut érigée en son centre. La place possède aujourd'hui une double personnalité : un paisible jardin entoure le monument au centre, tandis que tout autour se déploient des terrasses de cafés, dont de grands cafés du tournant du XXe s. comme le Schiller *(p. 113)* et De Kroon *(p. 50),* qui s'animent surtout en soirée. ◈ *Plan N6, P6 • trams 4, 9, 14.*

Visiter Amsterdam - Du Bloemenmarkt au Singelgracht

Theater Tuschinski

Le cinéma le plus sophistiqué d'Amsterdam – voire du monde – est la création extraordinaire d'un tailleur juif prospère d'origine polonaise. Obsédé par le cinéma et convaincu de sa capacité à changer le monde, Abraham Tuschinski fit construire la salle en 1921. L'homme devait périr à Auschwitz, mais le fameux « style Tuschinski » subsiste, caractérisé par un mélange unique d'influences Art déco, Art nouveau et autres. Lors de gros travaux de rénovation, des fresques de femmes ont été dévoilées, et le cinéma racheté par Pathé a retrouvé sa gloire et son charme d'antan. Demandez un billet pour la salle 1 pour admirer le décor avant l'extinction des lumières. ❧ Reguliersbreestraat 26-28 • plan N6 • trams 4, 9, 14.

Munttoren

La tour de Monnaie prit son nom en 1673, quand la Monnaie s'y réfugia pour échapper aux troupes de Louis XIV. Édifiée vers 1490, elle faisait partie des défenses de la ville. Un incendie n'en laissa, en 1618, que la base polygonale dont le rez-de-chaussée renferme aujourd'hui

Étal de fleurs au Bloemenmarkt

une boutique de souvenirs. Hendrick De Keyser la couronna d'un clocher en bois baroque dont le carillon, installé en 1699, sonne tous les quarts d'heure. ❧ Plan N5 • trams 4, 9, 14, 16, 24, 25.

Bloemenmarkt

Le marché aux fleurs, flottant, est l'une des grandes attractions de la ville. Il réunissait, à l'origine, des horticulteurs qui remontaient l'Amstel pour venir proposer leur production en ce lieu du Singel. Les barges restent aujourd'hui à quai, et les clients étrangers peuvent se faire envoyer les bulbes directement à domicile. ❧ Plan M5 • trams 1, 2, 4, 5, 9, 14, 16, 24, 25.

Spiegelkwartier

À la fin du XIXe s., des antiquaires perçurent le potentiel offert par le Rijksmuseum, et ils commencèrent à s'installer sur la Nieuwe Spiegelstraat qui y mène. Ils sont désormais plus de 80 antiquaires spécialisés dans l'art, et leurs vitrines rendent agréable une flânerie dans le quartier. Si le mobilier et les œuvres et objets d'art qu'elles contiennent dépassent les possibilités de votre bourse, vous pourrez toujours vous consoler en achetant pour quelques euros un carreau de Delft chez Kramer (p. 112). ❧ Plan D5 • trams 1, 2, 5, 16, 24, 25.

L'amour des fleurs

Les Néerlandais adorent les fleurs, en particulier les tulipes, et vous en verrez partout, sur les rebords de fenêtres, comme dans les maisons et les commerces. Les passionnés pourront acheter des bulbes au Bloemenmarkt, assister à la criée d'Aalsmeer, visiter le parc de Keukenhof (p. 73) et se promener à vélo dans les champs proches de Leyde. La tulipe noire reste toutefois un mythe.

9 Heineken Experience

La société Heineken a transformé en 1991 une de ses anciennes brasseries, fermée en 1988, en un musée à la gloire de l'entreprise et de la famille fondatrice. La visite suit le parcours jadis emprunté par les bouteilles. Elle s'achève dans les écuries. Le prix d'entrée comprend une dégustation (pour les plus de 18 ans). ⚲ Stadhouderskade 78 • plan D6 • trams 16, 24 • 020 523 9222 • www.heinekenexperience.com • ouv. lun.-sam. 11h-19h (billetterie 17h30) • ferm. 1er janv., 30 avr., 25 et 26 déc. • EP.

10 Albert Cuypmarkt

Une population où se mêlent immigrants, artistes, étudiants et jeunes couples donne une atmosphère frénétique au quartier populaire De Pijp, aménagé au XIXe s. Depuis 1905, l'Albert Cuypmarkt, le plus grand marché d'Amsterdam, est son pôle. Ses 260 éventaires s'installent le long d'un ancien canal, comblé et baptisé d'après le peintre paysagiste Albert Cuyp. Des étals de produits alimentaires typiquement néerlandais, tels que fromage et poisson fumé, y voisinent avec des stands de vêtements ou de chaussures. Des restaurants ethniques permettent de goûter à des cuisines de tous horizons. ⚲ Albert Cuypstraat • plan D6 • www.albertcuyptmarkt.nl • trams 4, 16, 24, 25 • ouv. lun.-sam. 9h-17h.

Harengs fumés à l'Albert Cuypmarkt

Un jour dans le quartier

Le matin

🕐 Sur une jolie portion de l'**Amstel**, le gracieux Magere Brug offre un bon point de départ. Suivez au nord la courbe de la rivière et faites une pause devant le no 104 et ses voisins tout aussi penchés. Après avoir atteint la **Munttoren**, flânez devant les barges du **Bloemenmarkt**, puis empruntez la Reguliersbreestraat pour jeter un œil au spectaculaire **Theater Tuschinski**. Son intérieur Art déco vaut à lui seul une visite.

🍴 L'élégante Utrechtsestraat renferme restaurants, cafés, épiceries fines, boutiques et galeries. Vous pourrez déguster la meilleure *rijsttafel* (« table de riz ») indonésienne de la ville au Tujuh Maret *(p. 61)*.

L'après-midi

Depuis Utrechtsestraat, rejoignez l'Amstelveld, auquel l'Amstelkerk donne un petit côté rural et où le Reguliersgracht *(p. 8-9)* coupe le Prinsengracht. Longez ce dernier, traversez la Vijzelstraat et pénétrez dans le Weteringbuurt. De l'autre côté du Prinsengracht, admirez le Deutzenhofje (nos 855-899), construit en 1695 pour loger des indigentes.

Une courte marche le sépare du **Museum Van Loon** *(p. 30-31)* et du **Museum Willet-Holthuysen** *(p. 107)*. Vous pourrez ensuite vous rafraîchir au **Rembrandtplein** où nous vous conseillons les grands cafés Schiller *(p. 113)* et De Kroon *(p. 50)*.

➡ Foam, un musée de la Photographie, mérite un détour au no 609 Keizersgracht.

Gauche **Mulligans** Droite **Soho**

Bars

Het Dwarsliggertje
Malgré son surnom d'« endormi », ce bar gay/mixte discret se révèle authentique et convivial comparé aux autres clubs gays bruyants et branchés de la rue.
◈ *Reguliersdwarsstraat 105 • plan N6*
• *www.hetdwarsliggertje.nl*

Café van Leeuwen
Superbe café d'angle néerlandais, avec une magnifique vue sur le canal, à deux pas de l'animation d'Utrechtsestraat.
◈ *Keizersgracht 711 • plan E5 • 020 625 8215 • www.cafevanleeuwen.nl*

De Duivel
Ce petit bar hip-hop légendaire, très animé, a vu se produire Cypress Hill et The Roots. La sélection musicale s'étend aujourd'hui du funk au disco.
◈ *Reguliersdwarsstraat 87 • plan N6.*

De Huyschkaemer
Ce bar de styliste se distingue par son excellente atmosphère. ◈ *Utrechtsestraat 137 • plan E5 • 020 627 0575.*

Helden
Sirotez un cocktail en écoutant le DJ du bar *lounge* avant de déguster les mets internationaux du restaurant.
◈ *Eerste Van der Helststraat 42 • plan D6 • 020 673 3332 • €€€.*

Kingfisher
Ce bar spacieux et moderne est un des meilleurs du Pijp. On y sert une cuisine néerlandaise et internationale imaginative.
◈ *Ferdinand Bolstraat 24 • plan D6 • 020 671 2395 • €.*

Lellebel
Près du Rembrandtplein, l'unique bar proposant un spectacle de travestis paraît tout d'abord anodin, mais quand c'est la voix de Shirley Bassey qui sort des haut-parleurs, le personnel se met à faire un sacré numéro.
◈ *Utrechtsestraat 4 • plan P6.*

Mulligans
Si vous vous lassez du Rembrandtplein, tournez le coin de la rue pour jouir, dans ce bar irlandais authentique, de cette atmosphère bon enfant appelée *craic*. ◈ *Amstel 100 • plan P6.*

Café Krom
Ce café brun des années 1950 est en passe de devenir une institution d'Amsterdam. Le vieux juke-box diffuse de vieux vinyles.
◈ *Utrechtsestraat 76 • plan E5 • 020 624 5343.*

Soho
Le Soho est devenu le débit de bières le plus populaire de cette rue gay.
◈ *Reguliersdwarsstraat 36 • plan M6.*

Zushi

Catégories de prix

Pour un repas avec	€ moins de 20€
entrée, plat, dessert et	€€ 20-30€
une demi-bouteille de vin	€€€ 30-45€
(ou repas équivalent),	€€€€ 45-60€
taxes et service compris.	€€€€€ plus de 60€

Restaurants

Pilsvogel
Ce bar-restaurant confortable propose tapas et éclairage aux bougies. Idéal pour déjeuner si vous faites du lèche-vitrines au Albert Cuypmarkt voisin ou pour un long dîner arrosé de bières locales. ✆ Gerard Douplein 14 • plan D6 • 020 664 6483 • €€€.

The Golden Temple
Ce restaurant végétarien tenu par des sikhs américains propose des mets indiens, moyen-orientaux et italiens. ✆ Utrechtsestraat 26 • plan E5 • 020 626 8560 • €.

De Waaghals
Plats végétariens biologiques ainsi que vin et bière biologiques fabriqués sur place. ✆ Frans Hals-straat 29 • plan D6 • 020 679 9609 • €€€.

Bazar
Cuisine nord-africaine bon marché et pleine de saveur, au cœur de l'Albert Cuypmarkt, le plus grand marché de plein air d'Amsterdam (p. 61 et 109). ✆ Albert Cuypstraat 182 • plan E6 • 020 779 7450 • €€.

Greetje
Un restaurant convivial qui propose des plats français et néerlandais tradi-tionnels, ainsi que de l'Oude Jenever (p. 59). ✆ Peperstraat 23-25 • plan R3 • 020 779 7450 • €€€€.

Rose's Cantina
Cette *cantina* mexicaine maîtrise à la perfection le « Tex-Mex ». Accompagnez vos plats délicieux d'une margarita servie en pichet ! ✆ Reguliersdwars-straat 38 • plan M6 • 020 625 9797 • €€€.

Bouchon du centre
Hanneke apprête, dans une cuisine ouverte sur la salle, des produits achetés le jour même sur les marchés. Ce restaurant est l'un des secrets les mieux gardés de la ville. ✆ Falckstraat 3 • plan E5 • 020 330 1128 • €€€.

Utrechtsedwarstafel
Des plats simples aux gastronomiques. Fiez-vous au sommelier et au chef qui tiennent en duo cette table sortant de l'ordinaire. ✆ Utrechtsedwarsstraat 107-109 • plan E5 • 020 625 4189 • €€€€.

Beddington's
Du Japon à l'Angleterre, les influences sont internationales au restaurant de Jean Beddington. ✆ Utrechtsedwarsstraat 141 • plan E5 • 020 620 7393 • €€€€.

Zushi
Un cadre ultramoderne très réussi donne aux savoureux sushis du Zushi une allure branchée. ✆ Amstel 20 • plan P6 • 020 330 6882 • €€.

111

Gauche **Tóth-Ikonen** Droite **Aalderink Oriental Art**

Magasins d'antiquités

1 Aalderink Oriental Art
Le plus ancien et le plus fiable des négociants en arts asiatique et ethnographique des Pays-Bas a pour spécialité les *netsuke* et les *okimono* japonais. ◈ *Spiegelgracht 15 • plan D5.*

2 Aronson Antiquairs
David Aronson a ouvert vers 1900 cette galerie prestigieuse aujourd'hui dirigée par ses descendants. Faïence de Delft, mobilier des XVIIe et XVIIIe s., porcelaine chinoise « famille verte » et « famille rose » : vous verrez ici des pièces rares. ◈ *Prinsengracht 677 • plan D5.*

3 E. H. Ariëns Kappers / C. P. J. Van der Peet BV
Un immense choix de gravures datant du XVIe au milieu du XXe s., dont une remarquable sélection d'estampes japonaises. ◈ *Prinsengracht 677 • plan D5.*

4 Staetshuys Antiquairs
Magasin de brocante vendant d'étranges instruments scientifiques, globes et autres objets inhabituels. ◈ *Nieuwe Spiegelstraat 45A • plan D5.*

5 Frans Leidelmeijer
Cette élégante galerie d'antiquités est gérée par un grand défenseur des arts. ◈ *Lijnbaansgracht 369H • plan D5.*

6 Eduard Kramer
Carreaux décoratifs néerlandais, faïence bleue de Delft, livres anciens, gravures, étains, chandeliers et lampes. ◈ *Nieuwe Spiegelstraat 64 • plan D5.*

7 Thom & Lenny Nelis
Cette collection d'instruments et d'objets médicaux réunis par les Nelis date du XVIIIe au début du XXe s. ◈ *Keizersgracht 541 • plan M6.*

8 Tóth-Ikonen
L'unique spécialiste de l'icône du Spiegelkwartier est aussi le plus ancien d'Amsterdam. Sa galerie abrite des œuvres exécutées entre le XVIe et le XIXe s., dont de nombreuses icônes de voyage. ◈ *Nieuwe Spiegelstraat 68 • plan D5.*

9 Marjan Sterk
Marjan Sterk propose une belle sélection de bijoux Art nouveau et Art déco, et de l'argenterie néerlandaise des XVIIIe et XIXe s. Ouvert sur rendez-vous seulement. ◈ *Nieuwe Spiegelstraat 63 • plan D5.*

10 Van Dreven Antiquair
Des boîtes à musique voisinent avec des pendules fabriquées du début du XVIIe s. aux années 1930. ◈ *Nieuwe Spiegelstraat 38 • plan D5.*

Gauche **NH Schiller** Droite **Bloemenmarkt**

≋10 Autres bonnes adresses

1 Tassenmuseum
Ce musée unique relate l'histoire du sac à main en Occident, de la fin du Moyen Âge à nos jours. Plus de 4 000 sacs, sacoches et bourses sont présentés. ✪ *Herengracht 573*
• *plan E4* • *020 524 6452*
• *www.tassenmuseum.nl*

2 Bloemenmarkt
Ne manquez pas le marché aux fleurs flottant *(p. 108)*.

3 Concerto
Amsterdam ne possède pas de meilleur magasin de disques, neufs et d'occasion. ✪ *Utrechtsestraat 52* • *plan E5.*

4 Soup en Zo
À quelques pas du Rijksmuseum, on y vient surtout pour des plats à emporter, mais quelques places sont disponibles. Une soupe sur deux est végétarienne. ✪ *Nieuwe Spiegelstraat 54* • *plan D5.*

5 Hemp Hotel
De la garniture des futons jusqu'aux petits pains accompagnant le petit déjeuner et la bière servie au Hemple Temple Nightbar, impossible d'échapper au chanvre dans ce petit hôtel tenu en famille. ✪ *Frederiksplein 15* • *plan E5* • *020 625 4425.*

6 Heineken Experience
Le prix de la visite autoguidée d'une ancienne brasserie Heineken comprend 3 verres de bière *(p. 109)*.

7 Magere Brug
Le pont le plus célèbre de la capitale néerlandaise est particulièrement romantique de nuit, mais le voir en action pendant la journée offre un bon but de promenade *(p. 11)*.

8 The Otherside
Moderne et accueillant, ce coffee-shop gay possède de grandes fenêtres d'où regarder les passants dans la rue.
✪ *Reguliersdwarsstraat 6* • *plan M6.*

9 NH Schiller
Cette brasserie d'hôtel au somptueux cadre Art déco offre une échappatoire à l'ambiance touristique du Rembrandtplein. L'établissement conserve un peu de l'atmosphère artistique que lui donna son fondateur, Frits Schiller. Il s'exerçait lui-même au pinceau, et ses peintures restent exposées *(p. 146)*.

10 Village Bagels
Servis avec un café ou un jus de fruits frais, les *bagels* ont le même goût qu'à New York.
✪ *Vijzelstraat 137*
• *plan D5.*

Gauche **Concertgebouw** Droite **Max Euweplein**

Quartier des musées

À la fin du XIXe s., le conseil municipal décida de transformer en un grand pôle culturel une zone de jardins et de petites exploitations agricoles alors située hors des limites de la ville. Le projet se concrétisa avec la construction de prestigieuses institutions comme le Rijksmuseum et le Concertgebouw autour de la vaste esplanade du Museumplein. Le quartier renferme également le plus grand espace vert d'Amsterdam et des rues bordées de commerces de luxe, dont la diamanterie Coster.

Les sites

1 Rijksmuseum
2 Van Gogh Museum
3 Stedelijk Museum
4 Concertgebouw
5 Vondelpark
6 Coster Diamonds
7 Museumplein
8 Max Euweplein
9 De Hollandsche Manege
10 P. C. Hooftstraat

Rijksmuseum

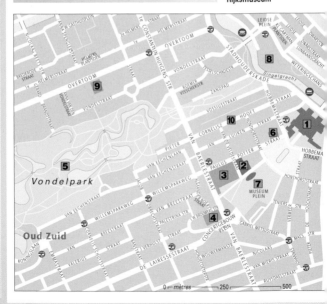

1 Rijksmuseum

La collection d'art du Musée national créé en 1808 au palais royal *(p. 83)* par le roi Louis Bonaparte s'est développée ; elle compte près de 7 millions d'œuvres. Depuis 1885, elle occupe dans l'axe du Museumplein un imposant bâtiment néogothique dessiné par P. J. H. Cuypers *(p. 12-15)*.

2 Van Gogh Museum

Une création de Gerrit Rietveld, l'un des membres du mouvement De Stijl, sert d'écrin à la plus riche collection au monde de peintures de Van Gogh. Une annexe elliptique accueille les expositions temporaires *(p. 16-19)*.

3 Stedelijk Museum

Dédié à l'art et au design modernes de la moitié du XIXe s. à nos jours, ce musée possède une impressionnante collection pour laquelle il a dû agrandir ses locaux. On y trouve aussi un café et une boutique *(p. 40)*.
🌐 *Museumplein 10 • plan C6*
• trams 2, 3, 5, 12 • 020 573 2911
• www.stedelijk.nl

4 Concertgebouw

A. L Van Gendt a donné à cette prestigieuse salle de spectacle inaugurée en 1888 un fronton néoclassique encadré de tours néo-Renaissance. Les pilotis en bois sur lesquels elle reposait ayant commencé à s'affaisser, il fallut transférer temporairement son poids sur une structure métallique pendant le coulage de colonnes en béton lors d'une restauration en 1983.

Son grand auditorium réputé pour son acoustique continua à accueillir des concerts pendant toute la durée de l'opération.
🌐 *Concertgebouwplein 10 • plan C6*
• trams 2, 3, 5, 12, 16, 24 • 020 573 0573 • www.concertgebouw.nl
• billetterie ouv. t.l.j. 13h-17h.

5 Vondelpark

Fondé en 1864 par un groupe de riches philanthropes et aménagé en espace vert à l'anglaise par les architectes paysagistes Zocher père et fils, le « Nouveau Parc » fut inauguré en 1865 et prit en 1867 le nom du poète Joost Van den Vondel (1586-1679) dont il renferme une statue. Ses plans d'eau, ses pelouses et ses allées arborées imitent la nature et attirent aux beaux jours de nombreux citadins qui viennent s'y promener, faire du roller, jouer au football ou regarder à l'occasion les tours d'un jongleur. La végétation compte une centaine d'espèces de plantes et plus de 100 essences d'arbres dans lesquelles se cache une riche faune H. A. J. Baanders dessina en 1936, dans un style fonctionnaliste, la Het Blauwe Theehuis (« Salon de thé bleu »), qui n'est pas sans évoquer une soucoupe volante *(p. 50)*. 🌐 *Vondelpark 5 • plan A6 • trams 1, 3, 5, 12.*

Kiosque à musique au Vondelpark

Les diamants

Amsterdam devint au XVIe s. un centre de la taille, du polissage et du commerce de diamants quand vinrent s'y réfugier des artisans et négociants juifs fuyant l'Inquisition. L'activité prit son véritable essor à la fin du XIXe s. avec l'arrivée de diamantaires venant d'Anvers et l'importation de pierres extraites des mines d'Afrique du Sud.

Coster Diamonds

Cette maison fondée en 1840 occupe 3 grandes villas en bordure du Museumplein. C'est l'une des rares diamanteries qui propose une visite guidée gratuite. Celle-ci dure 30 min et permet d'assister au processus de calibrage, de sciage et de polissage des précieux cristaux. Le hall d'entrée abrite une réplique de la couronne royale britannique ornée du *Koh-i-Noor* (« Montagne de lumière ») dont l'entreprise refit le polissage en 1852. Bien entendu, les visiteurs peuvent aussi acheter des pierres ou visiter le musée du Diamant juste à côté. ◈ *Paulus Potterstraat 2-8* • *plan C5* • *trams 2, 5* • *020 305 5555* • *www.costerdiamonds.com* • *ouv. t.l.j. 9h-17h* • *EG.*

Coster Diamonds

Museumplein

Défigurée en 1953 par la construction d'une artère surnommée « la plus petite autoroute d'Europe » par les Amstellodamois, la plus vaste place d'Amsterdam, aménagée en 1872, a retrouvé un visage aéré lors d'une rénovation effectuée entre 1990 et 1996. Elle offre aujourd'hui une perspective ininterrompue entre le Rijksmuseum et le Concertgebouw et renferme des aires de jeux pour enfants. Le bassin devient une patinoire en hiver. Site du *Hel van Vuur* (« Enfer de feu »), un mémorial aux gitans victimes du nazisme, et du monument Ravensbrück *(p. 49)*, elle sert de cadre à des manifestations variées, depuis des rassemblements politiques jusqu'à des spectacles de cirque. Le quartier qui l'entoure est l'un des plus chic de la ville. ◈ *Plan C6* • *trams 2, 3, 5, 12, 16, 24.*

Max Euweplein

Portant le nom du champion du monde d'échecs Max Euwe (1901-1981), ce square occupe le site du tristement célèbre Huis van Bewaring, centre de détention où Anne Frank et sa famille auraient été enfermées après leur arrestation. Un mémorial bleu avec des larmes de verre commémore ce sombre passage de l'histoire. Aujourd'hui, Max Euweplein vibre d'une énergie plus gaie, grâce au Hard Rock Café, au Comedy Café et au Holland Casino. Les fans d'échecs peuvent visiter le Max Euwecentrum ou se lancer dans une partie sur l'échiquier géant. Ne manquez pas la façade à colonnes néoclassique de l'entrée de la rue Weteringschans et sa frise. ◈ *Plan C5* • *trams 1, 2, 5, 7.*

Hollandsche Manege

De Hollandsche Manege
9 A. L. Van Gedt édifia, en 1882, un bâtiment spécialement conçu pour le Manège hollandais, institution inspirée du Manège espagnol de Vienne et jusqu'alors installée sur le Leidsegracht. Sauvé de la démolition dans les années 1980 grâce aux protestations du public, il a connu une somptueuse restauration achevée en 1986. Sa splendide façade néoclassique ne prépare pas au spectacle offert derrière : la vaste arène aux murs décorés de stucs et de têtes de chevaux est couverte d'une toiture métallique. Les visiteurs peuvent assister gratuitement aux leçons depuis le balcon surplombant l'aire sablonneuse. Il y a aussi un café très correct. ✆ *Vondelstraat 140 • plan B5 • tram 1 • 020 618 0942 • ouv. lun.-dim. 10h-17h • EP.*

P. C. Hooftstraat
10 Cette élégante rue commerçante est à Amsterdam ce que l'avenue Montaigne est à Paris, et la plupart des grands noms de la mode internationale y ont une antenne. Les Amstellodamois aisés ont toutefois tendance à lui préférer la Cornelis Schuytstraat voisine. ✆ *Plan C5 • trams 1, 2, 3, 5, 12.*

Un jour dans le quartier

Le matin

🕐 Suivant vos préférences artistiques, commencez soit par le **Rijksmuseum** *(p. 12-15)*, soit par le **Van Gogh Museum** *(p. 16-19)*, en prévoyant d'accorder à leurs collections exceptionnelles tout le temps qu'elles méritent. Le Van Gogh Museum renferme un café en rez-de-chaussée. Vous pourrez conclure la visite par un peu de shopping dans sa boutique située à côté de l'entrée principale.

Traversez ensuite le **Museumplein** pour aller jeter un coup d'œil au décor intérieur du **Concertgebouw** *(p.115)*, puis rejoignez la Brasserie Van Baerle (Van Baerlestraat 158) à l'aménagement Art déco. Mieux vaut réserver sa table pour être sûr d'y déjeuner. Elle possède un joli jardin ombragé.

L'après-midi

Prenez Paulus Potterstraat jusqu'à **Coster Diamonds**, où vous pourrez suivre la visite guidée d'une demi-heure. L'Hobbemastraat mène ensuite à la **P. C. Hooftstraat** où vous tournerez à gauche pour découvrir les boutiques de mode.

Laissez vos pas vous guider dans le Vondelpark et terminez votre flânerie à la Blauwe Theehuis *(p. 50)* ou au Café Vertigo du **Filmmuseum**. Sa terrasse domine le parc. Si vous en avez l'énergie, poussez jusqu'au **De Hollandsche Manege** pour voir les entraînements équestres.

Visiter Amsterdam - Quartier des musées

117

Catégories de prix

Pour un repas avec	**€** moins de 20 €
entrée, plat, dessert et	**€€** 20-30 €
une demi-bouteille de	**€€€** 30-45 €
vin (ou repas équivalent),	**€€€€** 45-60 €
taxes et service compris.	**€€€€€** plus de 60 €

The College Hotel

De Bakkerswinkel
Cette boulangerie possède des sièges et l'on peut y prendre un petit déjeuner, un déjeuner léger ou un en-cas l'après-midi. ✆ *Roelof Hartstraat 68 • 020 662 3594.*

The College Hotel
Cet élégant restaurant sert des plats néerlandais classiques revisités. ✆ *Roelof Hartstraat 1 • 020 571 1511 • €€€€.*

Brasserie Van Baerle
Une carte des vins réputée et une cuisine française imaginative valent à cette brasserie moderne d'attirer des célébrités. ✆ *Van Baerlestraat 158 • plan C6 • 020 679 1532 • €€€€.*

Cobra Café
Dînez ou buvez un verre dans ce café design sur le Museumplein, qui rend hommage aux membres du mouvement CoBrA. Le bar élégant sert de délicieux cocktails et en-cas. ✆ *Museumplein • plan C6 • 020 470 0111 • €€.*

Simple Bar
Ce bar à la mode est populaire auprès des trentenaires. ✆ *Overtoom 50 • plan C5.*

Le Garage
L'élite d'Amsterdam vient ici déguster des créations où se marient cuisines française et internationale. ✆ *Ruysdaelstraat 54-56 • plan C6 • 020 679 7176 • €€€€.*

Momo
Vaste restaurant *lounge* d'inspiration asiatique, à la clientèle d'affaires. Impressionnante carte de cocktails. ✆ *Hobbemastraat 1 • plan C5 • 020 671 7474 • €€€€.*

Boutique-restaurant Maxime
Cette brasserie chic est une halte rêvée en plein marathon-shopping dans P. C. Hooftstraat. Le soir, elle se transforme en restaurant romantique à la française. ✆ *P. C. Hoofstraat 63 • plan C5 • 020 676 5306.*

Café Toussaint
Ce charmant et excellent café-bar sert de délicieux repas à midi et le soir. ✆ *Bosboom Toussaintstraat 26 • plan J6 • 020 685 0737 • €€€.*

Café Wildschut
Menu complet, intérieur Art déco, terrasse abritée : ce café a de quoi satisfaire tous les goûts. ✆ *Roelof Hartplein 1-3 • plan C5 • 020 676 8220.*

Gauche **De Hollandsche Manege** Droite **De Peperwortel**

⁄10 Autres bonnes adresses

1 Brasserie Maxie's
Ce café accueillant est ouvert tous les jours. Réchauffez-vous près du feu en hiver en découvrant le menu international et varié. ⌖ P. C. Hooftstraat 100 • plan C5 • 020 679 2004.

2 Het Blauwe Theehuis
Malgré sa position centrale, la maison de thé du Vondelpark reste un secret bien gardé. ⌖ Vondelpark 5 • plan B6 • 020 662 0254.

3 Broekmans & Van Poppel
Cette vénérable maison fondée en 1914 renferme l'une des plus riches collections de partitions du monde. ⌖ Van Baerlestraat 92-94 • plan C6.

4 Concertgebouw
Des concerts gratuits ont lieu chaque mercredi à 12 h 30 (sauf en été). Les initiés font la queue tôt (p. 115).

5 Marqt
Un magasin bio branché approvisionné en produits frais par des fournisseurs locaux et des producteurs indépendants. ⌖ Overtoom 21 • plan C5 • 020 422 6311.

6 Friday Night Skate
Joignez-vous à des dizaines de patineurs pour un parcours en roller de 2 h et 20 km dans la ville. Un niveau raisonnablement bon suffit. Le rassemblement commence à 20 h. ⌖ Vondelpark (entrée de la Roemer Visscherstraat) • plan C5.

7 De Hollandsche Manege
Le café dominant l'arène où sont données les leçons d'équitation est l'un des endroits les plus originaux d'Amsterdam où prendre un verre (p. 117).

8 De Peperwortel
Envie d'un pique-nique dans le Vondelpark ? Ce traiteur offre un choix de quiches, pâtes, salades et soupes qui séduira notamment les végétariens. Les amateurs de bon vin ne sont pas non plus oubliés. ⌖ Overtoom 140 • plan B5 • 020 685 1053.

9 Vondelpark Openluchttheater
Ce théâtre de verdure accueille aussi bien du théâtre, du flamenco et des marionnettes, que des artistes de variétés (p. 71). ⌖ Vondelpark • plan B6 • juin-août : ven.-dim.

10 Zuiderbad
Cette piscine restaurée date de 1911 et possède un décor Art nouveau. ⌖ Hobbemastraat 26 • plan D6.

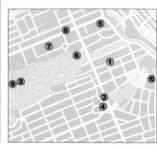

Gauche **Koninklijk Theater Carré** Droite **Werfmuseum 't Kromhout**

Plantage

L e quartier de Plantage resta une zone rurale jusqu'à la 2nde phase de construction de la Grachtengordel, et il garde aujourd'hui une atmosphère paisible qui en fait un secteur résidentiel recherché. Les villas élégantes qui bordent ses larges rues arborées datent pour la plupart du XIXe s., époque à laquelle il abritait une importante communauté juive dont nombre des membres travaillaient dans l'industrie du diamant. Jardin botanique, parc zoologique, musée maritime, chantier naval historique ou quai d'entrepôts réhabilités font partie de ses centres d'intérêt.

TOP10 Les sites

1 Het Scheepvaartmuseum
2 Artis Royal Zoo
3 Tropenmuseum
4 Werfmuseum 't Kromhout
5 Verzetsmuseum
6 Hortus Botanicus
7 De Burcht
8 Hollandsche Schouwburg
9 Koninklijk Theater Carré
10 Hermitage

Sculpture du Tropenmuseum

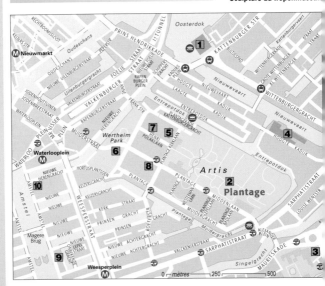

Pages précédentes : **Bouquets de tulipes aux couleurs vives**

1 Het Scheepvaartmuseum

Quiconque aime les bateaux doit visiter le Musée maritime. Cette caverne d'Ali Baba des trésors marins est installée dans l'arsenal où étaient entreposés voiles, cordages et canons (p. 41 et 68). Des aventures virtuelles sur la mer et des spectacles interactifs intéresseront petits et grands. Le restaurant et la cour sont accessibles même sans billet. ◈ *Kattenburgerplein 1 • plan G3 • 020 523 2222 • www. scheepvaartmuseum.nl • tél. pour les horaires • ouv. sept.-mai : mar.-dim. 10h-17h ; juin-août : t.l.j., également ouv. le lun. pdt les vac. scol. 10h-17h ; ferm. 1er janv., 30 avr., 25 déc. • EP.*

2 Artis Royal Zoo

Ce jardin zoologique, l'un des plus anciens d'Europe, abrite plus de 8 000 animaux appartenant à environ 900 espèces dans des environnements relativement naturalistes, dont la reconstitution d'une savane africaine. Il renferme aussi quatre serres de plantes exotiques, un musée géologique, un Musée zoologique, un planétarium et un aquarium riche de plus de 2 000 poissons. La ferme des enfants abrite des animaux de ferme que les plus jeunes peuvent caresser. ◈ *Plantage Kerklaan 38-40 • trams 9, 14 • plan G4 • 0900 278 4796 • www.artis.nl • ouv. avr.-oct. : t.l.j. 9h-18h (jusqu'au coucher du soleil en juil.-août) ; nov.-mars : t.l.j. 9h-17h • vis. guid. dim. 11h • EP.*

3 Tropenmuseum

Construit à l'origine pour célébrer le colonialisme néerlandais, le Tropenmuseum abrite des objets provenant du monde entier. Dans un des plus beaux bâtiments historiques de la ville, le musée mêle ethnographie et arts folklorique et contemporain. Le Tropenmuseum Junior est réservé aux 6-13 ans (et aux adultes accompagnateurs seulement). ◈ *Linnaeusstraat 2 • trams 9, 10, 14 ; bus 22 • plan G5 • 020 568 8200 • www.tropenmuseum.nl • ouv. mar.-dim. 10h-17h • EP.*

4 Werfmuseum 't Kromhout

Des nombreux chantiers navals regroupés dans les îles orientales au XVIIIe s., un seul reste en activité. Le Werf 't Kromhout fondé en 1757 a dû pour cela s'adapter, se lançant notamment dans la fabrication des moteurs Diesel destinés aux embarcations circulant sur les voies d'eau de la région. Il est aujourd'hui spécialisé dans les réparations et la restauration. Il comprend un musée où sont exposés outils, machines et photographies. L'exposition retrace 3 siècles de construction navale dans le quartier. ◈ *Hoogte Kadijk 147 • trams 9, 14 ; bus 22, 32 • plan G4 • 020 627 6777 • www.machinekamer.nl • ouv. mar. 10h-15h • groupes sur r.-v. • EP.*

Planétarium, Artis

Verzetsmuseum

Le musée de la Résistance évoque le combat des Amstellodamois contre les occupants nazis : projections audiovisuelles et exposition d'affiches, de photographies, et de documents tels que faux papiers d'identité et journaux clandestins. Il illustre par des exemples individuels le courage d'une population qui nourrissait et cachait 300 000 personnes en 1945.

🕲 *Plantage Kerklaan 61 • plan G4 • trams 9, 14 • 020 620 2535 • www. verzetsmuseum.org • ouv. mar.-ven. 10h-17h, sam.-lun. 11h-17h • ferm. 1er janv., 30 avr., 25 déc. • EP.*

Hortus Botanicus

Malgré la faible superficie du terrain (1,2 ha) qu'il occupe depuis 1682, ce petit jardin botanique renferme plus de 4 000 espèces végétales et 7 serres.

Hortus Botanicus

De Burcht

Il bénéficia des voyages d'exploration de la Compagnie néerlandaise des Indes orientales aux XVIIe et XVIIIe s. et devint en 1706 le 1er lieu où un plant de café réussit à s'acclimater hors d'Afrique. Il conserve un cycas (palmier) vieux de 3 siècles. Il y a un ravissant petit café. 🕲 *Plantage Middenlaan 2A • plan R5 • trams 9, 14 • 020 625 9021 • www.dehortus.nl • ouv. fév.-nov. : lun.-ven. 9h-17h, sam.-dim. et j.f. 10h-17h (juil.-août : t.l.j. jusqu'à 19h) ; déc.-janv. : lun.-ven. 9h-16h, sam.-dim. et j.f. 10h-16h • ferm. 1er janv., 25 déc. • EP.*

De Burcht (Vakbondsmuseum)

H. P. Berlage, architecte qui dessina aussi la Bourse *(p. 84)*, construisit en 1900 ce bâtiment surnommé « la Forteresse » à cause de sa façade crénelée, le 1er des Pays-Bas destiné au siège d'un syndicat : l'Union générale des tailleurs de diamants néerlandais. Des visites de l'intérieur permettent d'admirer les magnifiques faïences de l'entrée, l'escalier sculpté à la main et les fresques murales.

🕲 *Henri Polaklaan 9 • plan F4 • trams 9, 14 • 020 624 1166 • www.deburcht.org • ouv. mar.-ven. 11h-17h, dim. 13h-17h • vis. guid. seul., tél. pour se rens. • EP.*

8 Hollandsche Schouwburg

En 1942 et 1943, les nazis utilisèrent ce théâtre comme centre de rassemblement des Juifs partant en déportation. Derrière sa façade intacte, un jardin entoure un monument en basalt à l'emplacement de l'ancienne salle de spectacle. Sur le « mur du Souvenir », les noms de famille de tous les Juifs néerlandais morts pendant la Seconde Guerre mondiale sont gravés. Une exposition occupe le foyer restauré. ❧ *Plantage Middenlaan 24 • plan F4 • trams 9, 14 • 020 531 0340 • www.hollandscheschouwburg.nl • ouv. t.l.j. 11h-16h • ferm. Yom Kippour, Rosh Hashanah • EG.*

9 Koninklijk Theater Carré

Il est difficile de croire que la construction de ce splendide théâtre au bord de l'Amstel, copie du cirque d'Hiver d'Oscar Carré à Cologne, prit un temps record en 1887. Orné de têtes de clowns et de danseurs, il possède une élégante façade néo-Renaissance et de belles ferronneries. Il accueille principalement des pièces de théâtre, des spectacles de danse et des comédies musicales. ❧ *Amstel 115-125 • plan F5 • trams 7, 9, 10 14 • 0900 252 5255 • www.carre.nl • billetterie ouv. t.l.j. 10h-20h • vis. guid. sam. 11h.*

10 Hermitage

Ancien hospice pour femmes âgées, cet édifice abrite une antenne du musée de l'Ermitage, consacrée à l'histoire russe et à la culture flamande. Un centre pédagogique permet aux visiteurs d'explorer les collections du musée. ❧ *Amstel 51 • plan Q6 • trams 4, 9, 14 • 020 530 7488 • www.hermitage.nl • ouv. t.l.j. 10h-17h (mer. jusqu'à 20h) • ferm. 1er janv., 25 déc. • EP.*

Un jour à Plantage

Le matin

🕐 Commencez la journée parmi les canons, maquettes, têtes de proue et du **Het Scheepvaartmuseum** *(p. 123)*, puis reprenez des forces dans son café au rez-de-chaussée. Si vous rêvez en secret d'un bateau dans une bouteille ou d'un coupe-papier en forme de sabre, passez par la boutique avant de sortir sur le quai contempler l'*Amsterdam*, la réplique d'un navire du XVIIIᵉ s.

Si c'est un mardi et que vous n'avez pas encore ou votre content de découvertes maritimes, visitez l'exposition sur la construction navale du **Werfmuseum 't Kromhout** *(p. 123)*. Vous déjeunerez ensuite sur l'Entrepotdok, par exemple au Café 't Kromhout situé au nᵒ 36.

L'après-midi

Une fois bien restauré, dirigez vos pas vers la Plantage Kerklaan et le **Verzetsmuseum** *(p. 124)* dont la visite est réellement édifiante. Passer 1 h ou 2 au jardin zoologique **Artis** *(p. 123)* vous aidera à détacher vos pensées de cette période noire de l'histoire. Pour quelques euros, un plan très bien fait vous indiquera les heures où sont nourris les animaux. Il propose aussi un trajet passant par les expositions les plus intéressantes.

Un café se trouve près de l'entrée, où vous disposerez aussi d'une boutique. S'il vous reste du temps, assistez au spectacle donné au Planétarium.

Gauche **Moulin De Rieker, Amstelpark** Droite **Ouderkerk aan de Amstel**

En dehors du centre

Un séjour de quelques jours ne saurait suffire à épuiser les possibilités offertes par le centre d'Amsterdam, mais s'en échapper permet d'avoir un plus large aperçu de cette cité qui s'est toujours efforcée de maîtriser son développement, comme en témoignent le complexe De Raag, superbe exemple d'architecture sociale des années 1920, et les vastes espaces verts de l'Amstelpark et de l'Amsterdamse Bos. Les fans de football ne manqueront pas la visite de l'ArenA, stade de l'équipe de l'Ajax, tandis que le Cobra Museum propose des expositions aussi différentes qu'enrichissantes et que le EYE Film Institut vaut le détour pour ses installations modernes. La paisible petite localité historique d'Ouderkerk aan de Amstel a conservé un charme ho du temps. L'excellent réseau de transports publics rend tous ces sites aisémen accessibles. Certains étant peu éloignés du centre ou proches les uns des autr il est possible de découvrir plusieurs sites au cours d'une même excursion.

🔟 Les sites

1 EYE Film Instituut	6 Het Amsterdamse Bos
2 Complexe De Dageraad	7 Cobra Museum
3 Amstelpark	8 Eastern Docklands
4 Ajax Museum	9 NEMO
5 Ouderkerk aan de Amstel	10 Frankendael

Immeuble de De Dageraad

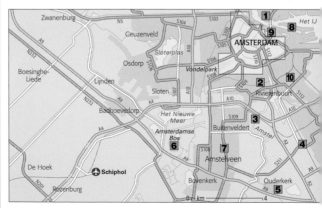

EYE Film Institut

EYE Film Instituut

1 L'Institut du cinéma néerlandais EYE (ancien Filmmuseum) a quitté le Vondelpark pour la rive nord du fleuve IJ, face à la Centraal Station, en 2012. Conçu par les architectes Delugan et Meissl, ce bâtiment impressionnant réunit 1 200 m² de surface d'exposition, 4 cinémas, un sous-sol interactif présentant la riche collection numérique du EYE, ainsi que des présentations sur l'histoire du cinéma et des attractions pour les enfants. Également une boutique bien garnie et un café doté d'une terrasse ouverte sur le sud. ⊗ IJpromenade • GVB Ferry « Builksloterweg » (départs derrière Centraal Station) • 020 589 1400 • www.eyefilm.nl • ouv. dim.-mer 10h-13h, ven. et sam. 10h-14h • FP

Complexe De Dageraad

2 Pour tout amateur d'architecture moderne, ce complexe de 350 appartements sociaux, bâti entre 1918 et 1923 par Piet Kramer et Michel De Klerk pour la coopérative De Dageraad (« L'Aurore »), mérite le déplacement. Ses créateurs considéraient que l'esthétique contribuait à la qualité de la vie, et des toits en forme de vague, des murs de brique courbes, des tourelles et des décrochements donnent une grande originalité aux bâtiments. ⊗ Pieter Lodewijk Takstraat • trams 4, 12, 25.

Amstelpark

3 Ce vaste espace vert inauguré en 1972 au sud-ouest d'Amsterdam renferme pour les adultes une roseraie, un labyrinthe et une galerie d'art, tandis que les enfants peuvent y faire des promenades à poney, caresser des animaux de ferme ou prendre un train miniature. À sa pointe sud se trouve le moulin De Rieker édifié en 1636. Transformé en résidence privée, il déploie ses ailes lors de la Journée des moulins à vent (2e sam. de mai). Une statue de Rembrandt se dresse non loin. ⊗ Europaboulevard • métro RAI ; tram 4 ; bus 66, 199 • ouv. du lever au coucher du soleil.

Ajax Museum

4 L'équipe de football de l'Ajax permet à ses fans de découvrir dans le détail son impressionnant stade de 50 000 places : l'ArenA. Il y a, en général, 6 visites guidées par jour en été et 4 en hiver. Une présentation multimédia retrace l'histoire de l'Ajax depuis ses débuts en 1900. ⊗ Arena Boulevard 1 • métro jusqu'à Strandvliet ou Bijlmer, train jusqu'à Bijlmer • 020 311 1333/020 311 1336 • www.amsterdamarena.nl • ouv. avr.-sept. : t.l.j. 11h-18h (dern. vis. à 17h) ; oct.-mars : lun.-sam. 11h-17h (dern. vis. à 16h30) • Ajax Museum : ouv. oct.-mars lun.-sam. 9h30-17h ; mai-sept. lun.-ven. 9h30-18h, sam.-dim. 10h-17h • EP.

Ajax Museum

5 Ouderkerk aan de Amstel

Amsterdam ne posséda sa 1re église qu'en 1330 *(p. 28-29)*, et ses habitants venaient auparavant au culte dans ce charmant village nommé d'après son Ouder Kerk édifiée au XIe s. Une tempête la détruisit en 1674, et l'église actuelle date du XVIIIe s. En face s'étend le cimetière Beth Haim fondé en 1615 par les Juifs qui n'avaient pas droit de sépulture à l'intérieur de la cité. Beaucoup de visiteurs viennent aujourd'hui pour les cafés et restaurants au bord de l'eau, mais ils peuvent aussi se promener, en amont, dans le jardin d'une belle maison de 1720 : la Wester Amstel. ◈ *Métro ou train jusqu'à Bijlmer, puis bus 175, 300.*

6 Het Amsterdamse Bos

Un court trajet en bus, en tramway historique *(p. 68)* ou à bicyclette sépare du centre ce vaste espace vert créé dans les années 1930 dans le cadre d'un programme de lutte contre le chômage. Il possède aujourd'hui une superficie de 800 ha, et des vélos en location permettent de se lancer à la découverte de ses bois, prairies, lacs et voies d'eau. Un enclos renferme des bisons européens et un musée évoque l'histoire naturelle et sociale du parc. ◈ *Amstelveenseweg • tram 24 ; bus 170, 172, 174 • ouv. 24h/24.*

Amsterdamse Bos

7 Cobra Museum

La banlieue résidentielle d'Amstelveen abrite depuis 1995, dans un bâtiment dessiné par Wim Quist, ce musée d'Art moderne en partie consacré au mouvement CoBrA. Il fut baptisé en 1948 par ses fondateurs, dont Karel Appel *(p. 47)*, d'un acronyme formé des premières lettres de leurs villes de résidence : Copenhague, Bruxelles et Amsterdam. Défenseurs d'un art spontané, ils s'inspirèrent des créations des peuples primitifs, des enfants et des malades mentaux. Les peintures du fonds sont présentées par roulement et complétées par des expositions temporaires. ◈ *Sandbergplein 1-3, Amstelveen • tram 5 jusqu'à Binnenhof • 020 547 5050 • www.cobra-museum.nl • ouv. mar.-dim. 11h-17h • ferm. 1er janv., 30 avr., 25 déc. • EP.*

8 Eastern Docklands

Mecque des aficionados de l'architecture, cet ancien quartier des docks, situé à l'est de la Centraal Station, a été transformé par d'ambitieux plans de restructuration urbaine. Admirez le pont, inspiré par un lézard, ou les immeubles qui font penser à une baleine. Observez également les maisons uniques en leur genre, toutes conçues par un architecte différent. À proximité, on trouve boutiques et cafés. ◈ *Ferry depuis la Centraal Station ou bus 41, 42 ; trams 10, 26.*

Une ville de cyclistes

Les habitants d'Amsterdam font du vélo comme ils respirent, et tout le monde en possède un. Ne manquez pas l'immense abri à bicyclettes de la Centraal Station, les repêchages de vélos dans les canaux, les inénarrables touristes sur leurs vélos jaunes, le « vélo de conférence » à 8 places et le « vélo de l'amour » en forme de cœur.

Prenez l'Electrische Museumtramlijn à l'Haarlemmermeerstation (tram no 16 depuis la Centraal Station).

9 NEMO

Renzo Piano, l'architecte du Centre Pompidou de Paris, a dessiné pour le Centre national de la science néerlandais un bâtiment dont la silhouette en forme de proue de navire se dresse sur un quai des îles orientales. Le toit ménage une belle vue. À l'intérieur, les démonstrations pédagogiques et les installations interactives – certaines sont spectaculaires – s'adressent à tout public. ◎ Oosterdok 2 • bus 22, 42, 43 • 020 531 3233 • www.e-nemo.nl • ouv. mar.-dim. et lun. de vac. scol. 10h-17h • ferm. 1er janv., 30 avr., 25 déc. • EP.

10 Frankendael

Au sud du Plantage Middenlaan, le parc Frankendael est le seul vestige de la campagne du XVIIe s. L'élégante demeure Frankendael de style Louis XIV, la fontaine décorative d'Ignatius Van Logteren, les jardins historiques rectilignes et les relais de diligence valent le détour. Le bâtiment principal abrite des expositions temporaires, et l'enceinte comprend 2 restaurants, le Merkelbach (dans l'ancienne auberge) et De Kas (p. 61). Des visites guidées de la maison ont lieu chaque dimanche à 11 h. ◎ Middenweg 72 • tram 9 • 020 423 3930 • jardin ouv. du lever au coucher du soleil.

NEMO

Un jour avec les enfants

Le matin

🕐 Commencez par emprunter le bus 22 ou le tram 7, 9, 10 ou 14 jusqu'au **Tropenmuseum** (p. 123), fascinant Musée ethnographique qui explore différentes cultures non-occidentales du monde entier. Ensuite, optez pour un déjeuner exotique dans le café-restaurant du musée : Ekeko.

L'après-midi

En sortant du Tropenmuseum, prenez le tram 7 ou 10 jusqu'à la Leidseplein ; à partir de là, traversez à pied le **Max Euwplein** (p. 116) jusqu'au **Vondelpark** (p. 115) où vous pourrez assister à un spectacle de musique, danse ou marionnettes au théâtre de plein air. À côté se trouve le Kinderkookkafé où les enfants peuvent cuisiner sous surveillance et préparer des repas simples.

Si le parc ne vous tente pas, rendez-vous à l'**Amsterdamse Bos** (p. 128). Au centre des visiteurs, près de l'entrée principale, vous obtiendrez une carte de ce parc boisé très étendu. On peut louer des vélos, un canoë, monter à cheval ou emprunter un ancien tram. Vous pouvez aussi opter pour un parcours dans les arbres au Fun Forrest ou une visite d'une ferme où les enfants peuvent nourrir les animaux. S'il vous reste du temps, prenez le bus 170, 171 ou 172 jusqu'à Amstelveen et finissez la journée au **Cobra Museum** (p. 128). Le tram 5 ou le métro 51 vous ramèneront au centre-ville.

MODE
D'EMPLOI

AMSTERDAM TOP 10

Gauche **Billets de banque** Droite **Prévoyez un parapluie en toute saison**

TOP 10 Préparer le voyage

1 Choisir un quartier
Les hôtels sont en majorité établis dans le centre historique, le quartier des musées et la Grachtengordel, la ceinture de canaux bordés de maisons de riches marchands. Beaucoup d'hôtels d'affaires se trouvent aussi en périphérie, dans le Nieuw Zuid.

2 Qu'emporter
Même en été, prévoyez un parapluie, une veste imperméable, un pull-over et des chaussures confortables. En dehors des casinos, peu d'établissements exigent une tenue de ville, mais vous pouvez faire preuve d'élégance pour les concerts classiques, les sorties à l'opéra et dans les hôtels et restaurants chic.

3 Formalités
Les citoyens de l'Union européenne et les Suisses n'ont besoin que d'une carte d'identité valide pour venir aux Pays-Bas. Si vous avez plus de 14 ans, vous devez avoir votre pièce d'identité sur vous à tout moment. Aucun visa n'est requis pour les Canadiens à condition que leur séjour soit inférieur à 3 mois. Il est recommandé de disposer d'une assurance couvrant les frais de rapatriement en cas de problème de santé.

4 Douane
Les citoyens de l'UE pourront acheter jusqu'à 5 cartouches de cigarettes, 10 L de spiritueux et 90 L de vin. Ils n'ont pas accès aux boutiques hors taxes. Les Canadiens et les Suisses devront se limiter à 1 cartouche de cigarettes, 1 L de spiritueux et 2 L de vin, et pourront obtenir le remboursement de la TVA sur de gros achats. Pour entrer dans le pays avec un animal de compagnie, il faut pouvoir produire un certificat de vaccination antirabique. Si vous achetez des bulbes, le plus simple est de vous les faire envoyer directement à domicile.

5 Argent
Le réseau de cartes bancaires le mieux implanté est MasterCard, suivi d'American Express et Visa. Diners Club est moins utilisé. Attention, car certains distributeurs de billets ne fonctionnent pas avec la carte Visa ; renseignez-vous. Les bureaux de change sont très nombreux.

6 En voiture
Il faut avoir 21 ans et un permis national pour conduire aux Pays-Bas, mais certaines agences de location préfèrent les permis internationaux. Si vous venez avec votre propre véhicule, prenez la carte grise, la carte verte d'assurance et un certificat de contrôle technique.

7 Électricité
Comme en France, le courant est de 220 V et 50 hz. Les prises électriques répondent aux mêmes normes techniques.

8 Heure
Les Pays-Bas ont la même heure que la France et la Belgique : 1 h d'avance sur l'heure GMT en hiver et 2 h en été. Le décalage est de 6 h avec Montréal .

9 Avec des enfants
Avec ses nombreuses rues pavées, Amsterdam se prête peu aux déplacements en poussette, d'autant qu'il est compliqué de leur trouver une place dans les tramways ou dans les bateaux circulant sur les canaux. Seuls quelques restaurants haut de gamme refusent les enfants ; ils seront partout ailleurs acceptés avec bienveillance.

10 Jours fériés
Nouvel An (1er janv.) ; *Tweede Paasdag* (lundi de Pâques) ; *Koninginnedag* (30 avr.) ; *Bevrijdingsdag* (5 mai) ; *Hemelvaartsdag* (Ascension, le 6e jeudi apr. Pâques) ; *Pinksteren* (Pentecôte, le 6e lundi apr. Pâques) ; *Eerste Kerstdag* (Noël, 25 déc.) ; *Tweede Kerstdag* (26 déc.).

Pages précédentes : **Clients profitant de la vue sur le canal depuis le Café De Jaren, sur la Nieuwe Doelenstraat**

Gauche **Train à la Centraal Station** Droite **Arrivée en voiture**

10 Arriver à Amsterdam

1 Arriver en avion
Air-France-KLM propose 12 vols par jour depuis Paris et plusieurs liaisons hebdomadaires depuis Nantes, Bordeaux, Toulouse, Clermont-Ferrand, Lyon, Mulhouse, Strasbourg, Marseille et Nice. De nombreuses compagnies desservent Amsterdam depuis le Canada, mais seule KLM propose un vol direct. Transavia possède de nombreuses liaisons low cost avec Amsterdam ou Rotterdam. ◊ *Air France : 36 54, www.airfrance.fr*
• *Transavia : 0892 05 88 88, www.transavia.com*

2 Aéroport de Schiphol
Situé à 20 km du centre, l'aéroport d'Amsterdam ne possède qu'un seul terminal (arrivées au rez-de-chaussée, départs à l'étage). La signalisation obéit à un code de couleurs : jaune pour les comptoirs et les portes d'embarquement, vert pour les cafés et boutiques. On y trouve une très large gamme d'équipements de loisirs, du golf aux jeux d'argent. ◊ *Rens. : 0900 0141*
• *www.schiphol.com*

3 De Schiphol au centre-ville
Le train est le moyen le moins coûteux pour rejoindre le centre. Le trajet dure 20 min, et des trains directs vers Centraal Station partent toutes les 4 à 7 min

entre 6 h et minuit (toutes les heures de minuit à 6 h). Entre 6 h et 21 h, les navettes de Connexxion Airport-Hotel Shuttle partent toutes les 30 min de l'aéroport. Elles desservent plus de 100 hôtels. L'arrêt se trouve devant l'entrée principale, d'où partent aussi les bus KLM (départ toutes les 30 min en journée). De nombreux taxis attendent devant le hall des arrivées, mais la course coûte cher : plus de 40 €.

4 Arriver en train
Depuis la gare du Nord à Paris ou la gare de Bruxelles-Midi, le Thalys effectue une dizaine de trajets par jour vers Amsterdam en 3h20 depuis Paris et 1h50 depuis Bruxelles. ◊ *Rens. et rés. Thalys : 0825 84 25 97* • *www.thalys.com*

5 Centraal Station
Le Thalys arrive à Centraal Station, une gare moderne bien reliée aux bus et aux tramways, et qui abrite un café élégant, l'Eerste Klas *(p. 51)*. Prenez garde aux pickpockets. La gare donne sur le Stationplein où se trouvent un office de tourisme et un bureau des transports publics.

6 Arriver en voiture
L'autoroute européenne E19 relie Paris à Amsterdam en 5h30. Elle correspond à la A1 puis la A2 en France, la A7

puis la A1 en Belgique (via Bruxelles) et enfin la A27, la A2 et la A9 aux Pays-Bas. Depuis l'A10 qui ceinture Amsterdam, les routes marquées « S » sur les panneaux à fond bleu conduisent au centre-ville.

7 Stationnement
Le centre-ville est payant de 9 h à minuit (parfois 19h) et il n'est pas du tout pratique de circuler en voiture. Il existe plusieurs parkings, mais l'idéal est de vous garer dans un « Park and Ride », indiqué par les panneaux « P+R ». Il y en a 7 à Amsterdam. Ne laissez aucun objet de valeur dans votre véhicule et ouvrez la boîte à gants. ◊ *www.iamsterdam.com*

8 Arriver en autocar
L'option la moins chère, mais aussi la plus fatigante : il faut compter 8 h de trajet depuis Paris. ◊ *Eurolines : 0 892 89 90 91* • *www.eurolines.fr*

9 Location de voitures
Outre les grandes compagnies, essayez Diks ou Kuperus *(voir « En voiture », p. 132)*. ◊ *Diks : 020 662 3366*
• *Kuperus : 020 685 2000*
• *Ouke Baas : 020 679 4842.*

10 Consigne
Vous en trouverez à l'aéroport Schiphol (6 h-22 h) ou à Centraal Station (24 h/24).

Gauche **Office de tourisme d'Amsterdam** Droite **Ouvrages de référence dans une bibliothèque**

TOP10 Où se renseigner

Mode d'emploi

1 Office de tourisme d'Amsterdam

Toujours connu sous son vieil acronyme VVV, l'office de tourisme d'Amsterdam possède plusieurs bureaux : sur la Stationsplein (devant la gare), sur Stadhouderskade (à côté de la billetterie du Canalbus), à l'aéroport de Schiphol (hall des arrivées 2), sur Leidseplein, au Muziektheater... Vous y trouverez des plans gratuits, de nombreuses brochures, et, moyennant commission, un personnel polyglotte vous réservera des places de spectacles ou une chambres d'hôtel. Vous pourrez aussi acheter la carte « I Amsterdam » et la Museumkaart (p. 136). 📞 020 201 8800 • www.iamsterdam.com

2 Se renseigner sur Internet

Le site de l'office de tourisme d'Amsterdam est www.iamsterdam.com (disponible en français). Il constitue une mine d'informations sur l'hébergement, les manifestations, les achats et les transports, et permet aussi de réserver des chambres d'hôtel. Les attractions et les musées ont pour la plupart leurs propres sites.

3 Ambassades et consulats

Vous y trouvez des informations relatives à la diplomatie ou aux formalités, et quelques brochures (voir encadré et p. 142).

4 Office de tourisme des Pays-Bas (NBTC)

Il possède des bureaux dans le monde entier, mais ils sont en principe fermés au public. Le site Internet est en revanche très bien fourni. 📞 www.holland.com

5 Amsterdam Hotel Service

Cet organisme privé peut vous réserver une chambre d'hôtel (même à la dernière minute) ou une place dans une excursion. 📞 Damrak 7 • plan P1 • 020 520 7000 • www.amsterdamhotel-service.com

6 Hébergement

L'office de tourisme d'Amsterdam propose un service de réservation de chambres d'hôtel et d'excursions depuis l'étranger. 📞 PO Box 3901, NL-1001 AS Amsterdam • 020 551 2525 • reservations@atcb.nl ou www.amsterdamtourist.nl

7 Publications

Le meilleur magazine de programmes, Uitkrant (en néerlandais), est un mensuel gratuit. L'office de tourisme publie Day by Day (en anglais), vendu chez les marchands de journaux ou distribué dans certains hôtels et restaurants.

8 Billetterie AUB

L'Uitburo est la principale agence de réservation de places de spectacles d'Amsterdam. De 12 h à 19 h 30, on y vend des places pour le jour même à prix réduits. 📞 Leidseplein 26 • www.amsterdamsuitburo.nl • plan C5 • 0900 0191.

9 Presse

L'Athenaeum Nieuwscentrum, Waterstone's et l'American Book Center vendent des journaux et magazines étrangers. 📞 Athenaeum Nieuwscentrum : Spui 14-16, plan M5 • Waterstone's : Kalverstraat 152, plan M5 • American Book Center : Spui 12, plan M5.

10 Bibliothèques

La bibliothèque publique d'Amsterdam (OAB) dispose du réseau Wi-Fi gratuit et de nombreux livres et journaux en français. 📞 Oosterdokskade 143 • plan R2 • 020 523 0900 • ouv. t.l.j. 10h-22h.

Ambassades des Pays-Bas

En France
7, rue Éblé, 75007 Paris • 01 40 62 33 00 • www.amb-pays-bas.fr

Au Canada
350 Albert Street, suite 2020, K1R 1A4 Ottawa • 877-388 2443 • www.netherlands embassy.ca

Informations sur la scène alternative :
www.underwateramsterdam.com

Gauche **Râtelier à bicyclettes** Droite **Tramways**

10 Se déplacer

1 Tramways

Les tramways circulent de 6 h (6 h 30 am. et dim.) à minuit. Vous trouverez un plan des lignes sur le rabat de la 4e de couverture de ce guide. La plupart partent de la Centraal station. Les tickets s'achètent auprès du GVB *(ci-dessous)*.

2 Bus

La plupart des bus partent de Centraal station. Certains desservent des zones non couvertes par les trams. Les tickets sont les mêmes pour les bus et les trams. Les bus du centre-ville passent toutes les 10 min, descendent Prinsengracht, remontent Amstel, passent devant Waterloopein et Nieuwemarkt. Service nocturne limité de minuit à 5 h 30.

3 Métro

Les 4 lignes du métro desservent surtout la banlieue ; il n'y a que 5 stations dans le centre : Centraal Station, Nieuwmarkt, Waterlooplein et Weesperplein. À éviter la nuit, surtout si vous êtes seul.

4 Tickets

La *OV Chipkaart*, carte à puce des transports publics, permet de parcourir les Pays-Bas avec n'importe quel moyen de transport. Il existe 3 différentes cartes : « Personnelle » (rechargeable par crédit ou billet saisonnier), « Anonyme » (uniquement rechargeable par crédit) et « Jetable » (crédit fixe). Lorsque vous embarquez ou montez à bord, présentez la carte au lecteur de carte (encastré dans la porte ou fixé sur un pilier jaune séparé). À la fin du voyage, présentez de nouveau la carte au lecteur. ✆ *GVB : Stationsplein 14* • *plan P1* • *0900 9292* • *www.gvb.nl* • *www.ov-chipkaart.nl*

5 Taxis

Vous pouvez tenter de héler un taxi dans la rue, mais il est plus simple d'en prendre un aux stations situées, entre autres, à Centraal Station, place du Dam, sur l'Elandsgracht, sur le Leidseplein, au Muziektheater, au Nieuwmarkt et sur le Rembrandtplein. Il existe aussi un service par téléphone : Taxicentrale. ✆ *Taxicentrale : 020 777 7777 ou 020 650 6506.*

6 En voiture

La circulation dans le centre obéit à un système complexe de sens uniques ; les trams ont priorité et il est difficile et coûteux de se garer. Mais, si vous décidez de vous déplacer en voiture, prenez soin de ne pas dépasser le temps de stationnement imparti par les parcmètres *(p. 133)*.

7 Bicyclettes à louer

Vous ne vous trouverez jamais loin d'un loueur de vélos ! Bike City, Holland Rent-a-Bike et Take-a-Bike se trouvent tous dans le centre. Attention, car les vols sont nombreux. ✆ *Bike City : Bloemgracht 70, plan K2, 020 626 3721* • *Holland Rent-a-Bike : Damrak 247, plan N2, 020 622 3207* • *Macbike : Stationsplein 12, plan P1, 020 620 0985.*

8 Bateaux à pédales

Des *canal bikes* de 2 ou 4 places sont disponibles dans 4 embarcadères du centre. On peut les rendre à un autre endroit que celui où on les a pris. ✆ *Canalbikes : Weteringschans 24* • *plan D5* • *020 623 9886* • *www.9292ov.nl*

9 Train

Les chemins de fer néerlandais (Nederlandse Spoorwegen) assurent un service fiable à des prix raisonnables. Contactez l'OVR (Openbaar Vervoer Reisinformatie). ✆ *OVR : 0900 9292* • *www.9292ov.nl*

10 À pied

Amsterdam est merveilleuse à découvrir à pied *(p. 64-65)*. Mais les rues pavées imposent d'avoir de bonnes chaussures. Soyez vigilant et prenez garde aux trams et aux cyclistes.

Gauche **En bateau-mouche** Droite **Touristes sur des vélos jaunes**

⑩ Visiter Amsterdam

1 Carte I Amsterdam

Disponible dans les hôtels et les offices de tourisme, la carte I Amsterdam offre un bon rapport qualité/prix : 40 € la journée, 50 € les 2 jours et 60 € les 3 jours. Elle vous permet d'emprunter gratuitement les transports publics, de faire une croisière gratuite et d'entrer dans une cinquantaine de sites et musées, sans compter de nombreuses réductions.

2 Museumkaart

Cette carte de 40 €, valable 1 an, concerne plus de 400 musées dans tout le pays et s'amortit au bout d'environ 3 visites.

3 Cultureel Jongeren Paspoort (CJP)

Réservé aux moins de 30 ans et disponible à l'office de tourisme, à la billetterie AUB (p. 134) et dans les hôtels Stayokay, le CJP donne droit à diverses réductions – dont théâtre et musées.

4 Promenades sur les canaux

Beaucoup de sociétés proposant des croisières sur les canaux ont leur embarcadère en face de la Central Station. Pour plus d'originalité, embarquez sur le bus amphibie Floating Dutchman. ◈ *Lovers : Prins Hendrikkade 25, plan P1, 020 530 5412,* www.lovers.nl
• *Amsterdam Canal Cruises : Stadhouderskade, plan D6, 020 679 1370,* www.amsterdamcanal cruises.nl • *Kooij : Rokin 125 (en face), plan N5, 020 623 3810,* www.rederijkooij. nl • *Floating Dutchman : 020 316 3951,* www. floatingdutchman.nl

5 Hop on Hop off – Museum Line

Le bus Hop on Hop off propose 2 itinéraires qui desservent différents musées. Le billet journalier donne droit à une réduction dans les musées. ◈ *Stationsplein 8* • *plan P1* • *020 530 1090* • www.lovers.nl

6 Canalbus

De nombreuses réductions sont incluses dans le prix du billet pour les bateaux-bus. Un billet journalier permet d'emprunter librement les 3 itinéraires, qui desservent 17 arrêts. ◈ *Weteringschans 24* • *plan D5* • *020 623 9886* • www.canal.nl

7 Watertaxis

Il s'agit plutôt de bateaux réservés aux croisières privées. Il faut compter environ 110 € pour louer un 8-places pendant 1 h. ◈ *Stationsplein 8* • *plan P1* • *020 535 6363* • www.water-taxi.nl

8 Visites en calèche

Avec les *koetstaxis*, vous visiterez la ville en calèche depuis Dam Square pour une durée de 20 à 60 min. Vous pouvez aussi les appeler pour réserver un taxi qui vous conduira en ville. ◈ *020 691 3478* • www.koetstaxi.nl

9 Visites guidées à bicyclette

Yellow Bike propose 2 promenades à bicyclette en groupe allant jusqu'à 12 personnes : un circuit de 2 h dans la ville, et un autre de 4 h à la campagne. Vous pouvez vous inscrire directement ou passer par l'office de tourisme d'Amsterdam. ◈ *Yellow Bike : 020 620 6940* • www.yellowbike.nl

10 Visites à pied

L'office de tourisme d'Amsterdam propose un vaste choix de visites à pied. Urban Home & Garden Tours explore jardins et maisons de canal (p. 105). Mee in Mokum entraîne dans divers quartiers. Architectour/Archivisie met l'accent sur l'architecture et Amsterdam City Walks sur l'histoire. ◈ *Urban Home & Garden Tours : 020 688 1243,* www.uhgt.n.. • *Mee in Mokum : 020 625 1390,* www.gildeamsterdam. nl • *Architectour/Archivisie 020 625 9123* • *Amsterdam City Walks : 061 825 7014,* www. amsterdamcitywalks. com

Gauche **Kiosque de vente de hareng** Droite **Musicien de rue**

10 Amsterdam bon marché

1 Auberges de jeunesse et campings

Parmi les diverses auberges de jeunesse (*encadré ci-contre*), celle du Vondelpark est particulièrement agréable. Elle propose aussi des chambres. Le camping Vliegenbos a une clientèle jeune. L'Amsterdamse Bos loue aussi des gîtes en bois. Comme le Gaasper, il convient aux familles (*voir aussi p. 149*).

2 Cartes de réduction

Le CJP offre aux moins de 26 ans des réductions sur des spectacles vivants. La carte Amsterdam et la Museumkaart (*p. 136*) ont d'un bon rapport qualité/prix pour les visites culturelles.

3 OBA

La Bibliothèque publique d'Amsterdam (OBA) est un endroit idéal où traîner quand il pleut. Lisez un magazine, vérifiez vos courriels gratuitement ou admirez simplement la ville (*p. 134*).

4 Marchés

Vous trouverez aliments, vêtements et articles divers à bas prix aux marchés en plein air de l'Albert Cuypmarkt, du Waterlooplein et du Noordermarkt, ainsi qu'au Rommelmarkt couvert (*p. 62-63*).

5 Sites gratuits

Vous n'aurez rien à débourser pour visiter la galerie des Gardes civiques de l'Amsterdam Museum (*p. 26*), les *hofjes* (*p. 92*), dont le Béguinage (*p. 22-23*), le Fo Guang Shan Temple (*p. 81*), le jardin du Rijksmuseum (*p. 14*) et le Bloemenmarkt (*p. 108*).

6 Musique gratuite

Depuis les carillons de la Westertoren, de la Zuidertoren et de la Munttoren, jusqu'aux groupes jouant dans des bars, en passant par les artistes de rue, Amsterdam offre souvent l'occasion d'entendre de la musique. Des concerts classiques gratuits ont lieu de septembre à début juin au Concertgebouw (mer.), au Stopera (mar. en hiver) et à la Thomaskerk (1 mar. sur 2).

7 Cinéma gratuit

Le théâtre de verdure du Vondelpark accueille des projections gratuites en plein air de juin à août (*p. 71*).

8 Billets

Uitkrant et *Day by Day* vous renseigneront sur les spectacles proposés. L'AUB du Leidseplein (*p. 134*) est le plus pratique pour prendre sa place.

9 Parcs

Ils offrent de nombreuses distractions gratuites : des pièces de théâtre et des concerts au Vardelpark, des animaux domestiques à l'Amsterdamse Bos ou un train miniature à l'Amstelpark.

10 Se nourrir

De nombreux kiosques vendent hareng frais, poisson fumé, frites accompagnées de mayonnaise, *belegde broodjes* (petits pains garnis), gaufres, crêpes et *poffertjes* (*p. 59*).

Auberges et campings

Hans Brinker
Kerkstraat 136
• 020 622 0687
• www.hans-brinker.com

The Bulldog
Oudezijds Voorburgwal
218-220 • 020 620 3822
• www.bulldoghotel.com

Flying Pig Palace
Vossiusstraat 46
• 020 400 4187
• www.flyingpig.nl

Stayokay Vondelpark
Zandpad 5 • 020 589
8996 • stayokay.com

Camping Amsterdamse Bos
Kleine Noorddijk 1,
Amstelveen
• 020 641 6868
• www.camping amsterdamsebos.nl

Camping Gaasper
Loosdrechtdreef 7
• 020 696 7326 • www. gaaspercamping.nl

Camping Vliegenbos
Meeuwenlaan 138
• 020 636 8855
• www.vliegenbos.com

Gauche **Étal de l'Albert Cuypmarkt** Droite **Tulipes au Bloemenmarkt**

ᴛᴏᴘ10 Shopping

1 Quartiers
Chaque quartier commerçant possède sa propre personnalité. De Negen Straatjes, le Jordaan et l'Haarlemmerbuurt abritent des boutiques spécialisées, de curiosités notamment. Antiquaires et galeries d'art se trouvent dans le Spiegelkwartier et sur le Rokin. La Kalverstraat et la Nieuwendijk renferment des succursales de chaînes. La Leidsestraat et l'Utrechtsestraat sont plus chic ; la P.C. Hooftstraat est réputée pour la mode de luxe.

2 Horaires
Les commerces ouvrent généralement de 10h à 18h les mar., mer. et ven., de 10h à 21h lo jou., de 10h à 17h le sam., de 13h à 18h le lun. (la plupart des grands magasins ouvrent à 11h), et souvent de 12h à 18h le dim.

3 Exemption de taxes
Les Canadiens et les Suisses ont droit à un remboursement partiel de la TVA (BTW) d'un taux de 19% sur des achats d'au moins 50€ (le pourcentage remboursé augmente avec la somme) effectués le même jour dans la même boutique et sortis du pays dans les 90 jours. Le personnel du magasin vous renseignera.

4 Soldes
Les soldes ont lieu en janvier et en juillet, mais certaines boutiques ont presque en permanence un rayon d'articles bradés. *Korting* signifie « réduction ». *Uitverkoop* correspond à une « liquidation ».

5 Qu'acheter
Amsterdam offre un très large choix, des fripes aux vêtements de marques internationales prestigieuses, et des antiquités précieuses à la verroterie indonésienne. Les spécialités comprennent le chocolat, le fromage, le hareng (hareng frais), la bière et le *jenever*, et, dans un registre plus durable, la faïence de Delft et les diamants.

6 Grands magasins et galeries marchandes
Les grands magasins n'ont pas l'originalité des boutiques spécialisées. Le plus célèbre, De Bijenkorf, s'élève à l'angle de la place du Dam et du Damrak. Maison de Bonneterie et Metz & Co sont plus luxueux. Les boutiques de la Magna Plaza occupent plusieurs étages dans une ancienne poste.

7 Boutiques spécialisées
Ce sont les petits commerces excentriques dédiés à un article comme la bougie ou la brosse à dents qui rendent tellement agréable le shopping à Amsterdam. Au cœur de la Grachtengordel, De Negen Straatjes en abritent la plus forte concentration *(p. 104)*.

8 Art et antiquités
Le Spiegelkwartier est le pôle du commerce d'art et d'antiquités. Ici, une nuée de vendeurs se spécialise dans toutes sortes d'objets, de la porcelaine de Delft à la verrerie, en passant par l'art tribal *(p. 112)*.

9 Diamants
Les 4 boutiques ci-dessous garantissent la qualité et donnent un avis d'expert. ⬡ *Amsterdam Diamond Center : Rokin 1, plan N3, 020 624 5787 • Coster Diamonds : Paulus Potterstraat 2-6, pla. C5, 020 305 5555 • Gassa. Diamonds : Nieuwe Uilenburgerstraat 173-175, plan Q4, 020 622 5333 • Van Pampus : Damrak 97, plan N3, 020 638 2422.*

10 Bulbes et fleurs
Vous trouverez un très large choix de bulbe et de fleurs coupées à des prix raisonnables au célèbre marché flottant Bloemenmarkt *(p. 108)*. Selon la rudesse de l'hiver, les bulbes sont disponibles entre juin et fin décembre ; mieux vaut se renseigner sur la réglementation d'importation de ces produits dans votre pays avant d'acheter.

Mode d'emploi

Gauche **Service de taxis Boonstra** Droite **Accès en fauteuil roulant**

10 Personnes handicapées

1 Associations
Avec ses ruelles pavées et ses immeubles anciens aux entrées étroites et aux escaliers raides, Amsterdam est une ville où les personnes handicapées se déplacent difficilement. TFA et SGOA, ou APF-Évasion en France, vous conseilleront et vous renseigneront. ✆ TTFA : www.toegankelijkamsterdam.nl • SGOA : Plantage Middenlaan 14 I, 1018 DD, plan F4, 020 752 5140 • APF-Évasion : www.apf-evasion.org

2 Brochures
L'office de tourisme d'Amsterdam et l'AUB (p. 134) proposent d'utiles plaquettes sur les hôtels, les restaurants, les musées, les attractions, les visites guidées et les excursions accessibles aux handicapés. Vous trouverez aussi à la Centraal Station une brochure sur les possibilités offertes sur le réseau ferré.

3 Hébergement
Pour une cité aussi progressive, les hôtels d'Amsterdam se montrent peu sensibles aux problèmes des handicapés, et très peu sont équipés. Ainsi, les bâtiments anciens et les maisons de canal converties ont rarement un ascenseur. Certains établissements modernes possèdent

des chambres adaptées ; ils sont indiqués dans la liste fournie par l'office de tourisme. Avant de réserver, vérifiez tout de même qu'ils répondent à vos besoins spécifiques.

4 Transports publics
La plupart des trams sont accessibles aux fauteuils roulants et des portes centrales ouvrent au niveau du trottoir. Il faut néanmoins souvent de l'aide. Les stations de métro possèdent toutes un ascenseur. L'annonce vocale des station permet aux mal-voyants de savoir où descendre. Les NS (chemins de fer néerlandais) proposent de l'aide aux voyageurs handicapés qui prennent le train (030 235 7823).

5 Taxis
Un fauteuil plié entrera dans la plupart des taxis, mais il existe aussi à Amsterdam un service privé spécialisé : Boonstra. Le prix de la course est le même que pour un taxi normal, mais il faut réserver 48 h à l'avance. ✆ Prins Bernhardkade 1, Halfweg • 020 613 4134 • lun.-sam. 9h-18h.

6 Musées
Sauf exception, les grands musées possèdent des rampes, des entrées élargies, des ascenseurs et des toilettes adaptées. Ceux qui occupent des maisons de canal comme l'Ons' Lieve Heer op Solder

et les musées Van Loon et Willet-Holthuysen ne permettent pas l'accès aux étages. Mieux vaut se renseigner avant.

7 Restaurants
Peu de restaurants sont équipés de toilettes adaptées. Mieux vaut téléphoner avant.

8 Location de fauteuils roulants
Pour louer un fauteuil roulant à Amsterdam, consultez le site Toegankelijk Amsterdam (« Amsterdam accessible ») : cliquez sur « Assistance and facilities », puis sur « Wheelchair rental ». Pensez à réserver à l'avance, surtout en haute saison. ✆ Toegankelijk Amsterdam : www.toegankelijkamsterdam.nl.

9 Visites guidées
Tours and Travel Services propose des visites d'Amsterdam on bus spécialement équipés, ainsi que des excursions de 1 journée dans tout le pays. ✆ Tours and Travel Services : TT Melissaweg 15, 1033 SP Amsterdam • 020 635 3110 • www.tandts.nl

10 Mal-voyants
Les audioguides sont de plus en plus répandus. Le Dedicon rend accessibles des documents écrits comme des magazines. ✆ 0486 486 486 • Dedicon : www.dedicon.nl • transports publics : 0900 9292.

Gauche **Piste cyclable** Droite **File d'attente au Rijksmuseum**

🔟 À savoir

1 Délinquance dans la rue

Méfiez-vous des pickpockets dans les lieux très fréquentés comme la Centraal Station, le Quartier rouge, le Damrak et le Leidseplein. Ne gardez pas de portefeuille dans une poche arrière et serrez votre sac à main contre vous. La nuit, des toxicomanes rôdent à la périphérie du Quartier rouge, en particulier près de la Zeedijk. Évitez aussi les alentours de la Nieuwendijk entre le Damrak et la Spuistraat.

2 Vols de bicyclettes

Prenez soin de toujours attacher à un objet fixe le cadre et la roue avant à l'aide d'un antivol à anse.

3 Problèmes médicaux

Pour bénéficier de la couverture des frais médicaux et dentaires, les citoyens de l'Union européenne doivent se procurer avant le départ la carte européenne d'assurance-maladie. Il est également recommandé de bénéficier d'une assurance médicale complémentaire (p. 142).

4 Déjections canines

Paradoxalement, les Néerlandais sont fiers de leurs intérieurs impeccables mais supportent que les rues de leur capitale soient souillées (d'autres villes des Pays-Bas sont beaucoup plus propres). Le problème s'est atténué ces dernières années, mais il vaut mieux regarder où l'on met les pieds.

5 Objets perdus

Il existe trois centres pour les objets trouvés : celui de l'aéroport de Schiphol, celui des chemins de fer et celui des transports urbains. ❧ Schiphol : 0900 794 0800 • chemins de fer : 0900 3212100, ouv. lun.-ven. 8h-20h • transports urbains : 0900 8011, lun.-ven. 9h-16h.

6 Législation sur la drogue

L'attitude éclairée des autorités à Amsterdam peut entraîner des méprises. La tolérance sur la vente et la consommation de petites quantités de cannabis ne s'applique qu'aux « coffee-shops », et encore, uniquement aux nationaux, car l'accès à ces lieux est interdite aux étrangers depuis janvier 2013. Partout ailleurs, dans la rue et les autres débits de boissons notamment, fumer un joint est interdit.

7 Comment se comporter

L'usage à Amsterdam est de partager la note au restaurant. Si vous êtes invité à dîner, apportez un petit cadeau comme des fleurs ou des chocolats. Évitez de marcher sur les pistes cyclables, normalement interdites aux piétons. Même à simple titre de politesse, quelques mots en néerlandais font toujours plaisir (p. 158-159). Ne prenez pas en photo les prostituées dans leurs vitrines.

8 Moustiques

Les canaux facilitent la prolifération de ces insectes. Munissez-vous d'une bonne crème anti-moustiques.

9 Toilettes publiques

Elles sont plutôt rares à Amsterdam et il faut la plupart du temps recourir à celles des bars et des cafés. En général, il n'est pas exigé de prendre une consommation. Laissez un pourboire au personnel entretenant les toilettes des gares et des musées.

10 Éviter la foule

Amsterdam reçoit des visiteurs toute l'année, mais surtout d'avril à septembre, période où il est recommandé de réserver son hébergement tôt. Pour éviter la queue à la maison d'Anne Frank au Rijksmuseum et dans les lieux les plus touristiques, arrivez tôt, ou tard dans la journée. Pour la maison d'Anne Frank, réservez à l'avance sur Internet.

  Fumer est interdit dans tous les lieux publics, hôtels et restaurants.

Gauche **OBA (Bibliothèque publique d'Amsterdam)** Droite **Boîtes aux lettres**

10 Banques et communications

1 Monnaie
Comme en France ou en Belgique, l'euro est devenu la monnaie des Pays-Bas en 2002. La plupart des boutiques ont cessé d'utiliser les pièces de 1 et 2 cents ; les prix sont arrondis.

2 Cartes bancaires
Les paiements par carte bancaire sont moins courants qu'en France ou en Belgique, notamment dans les hôtels. Pensez à vous renseigner au moment de la réservation. Le réseau Visa est également moins bien implanté, et il est souvent plus facile de régler un achat avec une MasterCard.

3 Distributeurs de billets
Nombreux en ville, ils ne prennent pas tous la carte Visa.

4 Chèques de voyage
Ils peuvent servir à des paiements ou être échangés dans les banques, et offrent le moyen le plus sûr de transporter de l'argent, à condition de garder le reçu à part afin d'en disposer en cas de vol. Un restaurant n'est pas tenu de rendre la monnaie sur un chèque supérieur à l'addition. American Express et Thomas Cook sont les compagnies les plus connues.

5 Change
Pour les Canadiens et les Suisses, les banques, les bureaux de poste, les agences de l'American Express et les bureaux du GWK pratiquent les meilleurs taux. Les bureaux de change indépendants (tels ceux de la Leidsestraat), les hôtels et les campings prélèvent des commissions parfois très élevées.

6 Services postaux
Le service de poste national est PostNL, reconnaissable à son logo orange. Le bureau de poste principal se trouve sur Singel, tandis qu'un autre point central est à Waterlooplein 10. La plupart des bureaux de poste se trouvent dans des boutiques. On peut acheter des timbres au Albert Heijn, dans les bureaux de tabac et les boutiques de souvenirs. ◉ *Singel 250 • plan M3 • 0900 767 8526 • ouv. lun.-ven. 7h30-18h30, sam. 7h30-17h.*

7 Cybercafés
À l'OBA (Bibliothèque publique d'Amsterdam, *p. 134)*, vous pouvez utiliser des ordinateurs connectés à Internet gratuitement. Il existe plusieurs autres cybercafés, et certains bars et hôtels possèdent des terminaux. ◉ *Freeworld : Nieuwendijk 30 • plan N1 • 020 620 0902 • ouv. t.l.j. 9h-13h.*

8 Téléphones
Reconnaissables à leur couleur verte et au logo de KPN Telecom, la plupart des téléphones publics fonctionnent avec une carte bancaire ou avec une carte téléphonique (vendue dans les supermarchés, les postes, les gares et chez les marchands de journaux). L'indicatif international des Pays-Bas est 0031, l'indicatif interurbain d'Amsterdam 020. Vous n'êtes pas obligé de le composer si vous appelez depuis Amsterdam même.

9 Télévision
Les chaînes généralistes diffusent le plus souvent les films étrangers en version originale sous-titrée. La plupart des hôtels de la ville ont la télévision par le câble, qui permet de regarder environ 35 chaînes de l'Europe entière. Vous aurez notamment accès à des chaînes de cinéma, d'actualité ou de musique, ainsi qu'à des chaînes françaises ou belges francophones, notamment TV5.

10 Radios
Parmi les radios nationales néerlandaises, Radio 4 (92.4 MHz) programme de la musique classique et 3FM (91.5 MHz) des variétés. Radio France internationale diffuse sur le câble.

Gauche **Ordonnances dans une *apotheek*** Droite **Hôpital Lieve Vrouwe Gasthuis**

TOP10 Santé et sécurité

1 Urgences
Le 112, numéro d'appel gratuit depuis les cabines publiques, met en contact avec les services d'urgences : ambulances, pompiers et police. Vous pourrez y joindre un opérateur parlant au moins l'anglais.

2 Sécurité des personnes
Préférez des chèques de voyage à de grosses sommes en liquide et laissez vos objets précieux dans le coffre de l'hôtel. La nuit, restez dans les zones éclairées et évitez les quartiers douteux comme De Pijp, la Nieuwendijk et la partie la plus sordide du Quartier rouge, autour de la Zeedijk. Toutes les personnes de plus de 14 ans doivent être munies d'une pièce d'identité à tout moment.

3 Vol
Assurez vos objets précieux avant le départ. Déclarez tout vol à la police et demandez une copie du procès-verbal, nécessaire pour obtenir un remboursement par une assurance.

4 Police
Le Prinsengracht, la Beursstraat et la Lijnbaansgracht abritent de grands postes de police. Le siège, l'Hoofdbureau van Politie, borde l'Elandsgracht.

◎ 0900 8844 (n° général)
• urgences : 112
• Prinsengracht 1109, plan E5 • Beursstraat 33, plan P2 • Lijnbaansgracht 219, plan C5.

5 Ambassades et consulats
Les ambassades sont à La Haye, la capitale politique, mais la plupart des pays ont un consulat à Amsterdam. ◎ Consulat de France : Vijzelgracht 2, plan D5, 020 530 6969 • ambassades à La Haye : Belgique : 070 312 3456, Suisse : 070 364 2831, Canada : 070 311 1600.

6 Hôpitaux
Onze Lieve Vrouw Gasthuis est le seul hôpital du centre à posséder un service d'urgences. ◎ Onze Lieve Vrouwe Gasthuis : Oosterpark 9 • urgences : 's-Gravesandeplein 16, plan G6 • 020 599 9111.

7 Pharmacies
Vous trouverez chez un *drogist* des médicaments de base vendus sans ordonnance. Pour les autres, vous devrez vous rendre dans une *apotheek*. Elles ouvrent du lun. au ven. de 8h30 à 17h30.

8 Médecins et dentistes
Votre hôtel, une pharmacie ou un office de tourisme vous indiqueront où trouver un médecin ou un dentiste parlant au moins l'anglais. Vous

pouvez aussi contacter le GP Service Post Foundation Amsterdam (SHDA). Il est conseillé aux résidents de l'UE de se procurer la carte européenne d'assurance-maladie (p. 140).
◎ SHDA : 088 003 0600, www.shda.nl

9 Services de soutien
En cas de vol, d'agression ou de souffrance physique ou mentale, vous pouvez demander de l'aide à l'Amsterdam Tourist Assistance Service (ATAS). ◎ ATAS : Nieuwezijds Voorburgwal 104-108, 020 625 3246.

10 Maladies liées à la sexualité
Les Néerlandais prennent la prévention au sérieux, et même les prostituées doivent se soumettre à des examens rigoureux. Le dispensaire du GGD est ouvert du lun. au ven (tél. pour des rens.). Le Servicepunt HIV Vereniging tient une permanence le ven. soir et on peut prendre du jeu. au mar. de 14h à 22h. Les gays peuvent se tourner vers la Schorer Stichting. ◎ GGD : Weesperplein 1, plan F5, 020 555 5822 • Servicepunt HIV Vereniging : Eerste Helmersstraat 17, plan C5, assistance téléphonique : 020 689 2577 • SAD Schorer Stichting : 020 573 9444 • SOS Sida : 0900 204 2040.

Gauche **Principale bibliothèque de l'UvA** Droite **VU Boekhandel**

⑩ Étudier à Amsterdam

1 Cours de l'UvA
L'Universiteit van Amsterdam possède des bâtiments dans le centre et propose plus de 100 programmes d'études en anglais. Pour plus de renseignements, entrez en contact avec le Bureau des étudiants internationaux (BIS) ❧ *BIS : Binnengasthuisstraat 9 • plan N5 • 020 525 8080 • www.uva.nl*

2 Cours de la VU
La Vrije Universiteit propose, dans une banlieue d'Amsterdam, des programmes d'études en anglais en économie, droit, arts et sciences sociales, notamment dans le cadre de partenariats entre universités. ❧ *De Boelelaan 1105, salle OE-49, 020 598 9898 • www.vu.nl*

3 Hébergement
L'ASVA (le syndicat étudiant de l'UvA) aide les étudiants à trouver un logement. La VU possède un internat à Uilenstede. Le SRVU (le syndicat étudiant de la VU) peut aussi vous aider. ❧ *ASVA : Binnengasthuisstraat 9, plan N5, 020 525 2926 • SRVU : De Boelelaan 1083A, 020 598 9422 • www.srvu.org*

4 Cartes d'étudiant
La présentation de votre carte ISIC ou de votre carte d'adhérent à un syndicat étudiant ne garantit pas que vous obtiendrez une réduction à Amsterdam, et les Néerlandais sont les seuls à pouvoir obtenir l'*OV Jaarkaart*, donnant l'accès gratuit aux transports publics. Pour 12,5 €, toute personne de moins de 30 ans peut acquérir auprès des offices de tourisme ou de l'AUB *(p. 134)* le Cultureel Jongeren Paspoort *(p. 136)*.

5 Syndicats
Parmi les divers syndicats étudiants des Pays-Bas, à moins de fréquenter la VU *(ci-dessus)*, l'ASVA se révélera le plus utile pour un étranger. Parmi les nombreux services figure une assistance de recherche d'un logement. ❧ *ASVA : Binnengasthuisstraat 9 • plan N5 • 020 525 2926.*

6 Services pour les étudiants étrangers
Une association indépendante, le FSR (un conseil d'étudiants), fournit conseils et soutien et organise des rencontres. Sous les auspices de l'UvA, l'International Student Network (ISN) facilite l'intégration culturelle et sociale des étudiants étrangers (existence de mentors). ❧ *FSR : Oranje Nassaulaan 5, 020 671 5915, plan A6 • ISN : 020 525 3721, info@isn-amsterdam.nl, www.isn-amsterdam.nl, www.foreignstudents.nl*

7 Cours d'été
L'UvA et la VU proposent des cours académiques en été. Amsterdam Maastricht, l'université d'été de la Felix Meritis Foundation, dispense des cours d'arts et de sciences. ❧ *www.uva.nl • www.vu.nl • www.amsu.edu*

8 Librairies
La plupart des librairies proposent de se procurer des livres de cours en anglais, mais la meilleure, pour les ouvrages universitaires, est la VU Boekhandel. ❧ *VU Boekhandel : De Boelelaan 1105 • 020 598 4000.*

9 Bibliothèques
Il faut étudier au moins 3 mois en ville pour avoir droit à la carte de l'*Universiteit Bibliotheek* de l'UvA. L'emprunt, dans la bibliothèque de la VU, est réservé aux membres inscrits. ❧ *Bibliothèque de l'UvA : Singel 425, plan M5, 020 525 2301 • bibliothèque de la VU : De Boelelaan 1105, 020 598 5200.*

10 Formalités
Pour un séjour de plus de 3 mois, tous les étudiants étrangers doivent se présenter à la *Vreemdelingen Politie* (« police des étrangers ») dans les 3 jours après leur arrivée afin d'obtenir un MVV (permis de séjour) et de se faire enregistrer auprès de l'état civil. ❧ *www.ind.nl*

Gauche **Amsterdam American** Droite **Grand Hotel Krasnapolsky**

TOP 10 Hôtels de luxe

1 Amstel Inter-Continental

Côtoyez monarques et vedettes de cinéma dans le plus somptueux des palaces d'Amsterdam où tout respire l'opulence, du hall d'entrée aux chambres. Profitez de l'équipement de gym ultramoderne et du restaurant 1-étoile au *Michelin* – sans gâcher votre plaisir en pensant à la note. Ⓢ *Professor Tulpplein 1, 1018 GX • plan F5 • 020 622 6060 • www.intercontinental.com • AH • €€€€€.*

2 The Dylan

Au beau milieu des façades historiques des maisons qui bordent la Keizersgracht, cet hôtel rayonne d'élégance. Contemporain et classique se côtoient dans la cour centrale et dans le restaurant Vinkeles, 1-étoile au *Michelin (p. 103)*. Ⓢ *Keizersgracht 384, 1016 GB • plan L4 • 020 530 2010 • www.dylan amsterdam.com • €€€€€.*

3 Grand Amsterdam (Sofitel Legend)

Cette succursale d'une grande chaîne française occupe un édifice historique qui fut au XVIIe s. le siège de l'Amirauté. Il abrite aussi le restaurant Bridges *(p. 60)*. Confort 5-étoiles. Ⓢ *Oudezijds Voorburgwal 197, 1012 EX • plan N4 • 020 555 3111 • www. thegrand.nl • AH • €€€€€.*

4 Pulitzer

Conversion originale de 25 maisons de canal, le Pulitzer possède un décor élégant où s'allient modernisme et poutres apparentes. Il est réputé pour ses expositions d'art, sa cour intérieure et sa cave à vins remarquable. Ⓢ *Prinsengracht 315-331, 1016 GZ • plan K3 • 020 523 5235 • www.hotelpulitzer amsterdam.nl • €€€€€.*

5 NH Grand Hotel Krasnapolsky

Cet hôtel monumental, composé de 468 chambres et 36 appartements, n'était, à l'origine, qu'un humble café *(p. 35)*. Il offre une gamme de prestations phénoménale. Le petit déjeuner est servi dans le jardin d'hiver surmonté d'une verrière en fonte. Ⓢ *Dam 9, 1012 JS • plan N3 • 020 554 9111 • www. nh-hotels.com • AH • €€€€€.*

6 De l'Europe

Construit en 1896, De l'Europe entoure ses hôtes d'œuvres originales des maîtres hollandais de la collection privée d'Alfred « Freddy » Heineken. Les chambres spacieuses au mobilier Empire atteignent le comble de la sophistication. Ⓢ *Nieuwe Doelenstraat 2-14, 1012 CP • plan N5 • 020 531 1777 • www.leurope.nl • AH • €€€€€.*

7 NH Barbizon Palace

Derrière une terne façade, 19 maisons du XVIIe s. abritent un hôtel de grand standing. Ⓢ *Prins Hendrikkade 59-72, 1012 AD • plan P1 • 020 556 4564 • www.nh-hotels. com • AH • €€€€€.*

8 Amsterdam American

Ce splendide bâtiment Art nouveau se dresse dans le quartier le plus touristique de la ville *(p. 101)*. Ⓢ *Leidsekade 97, 1017 PN • plan C5 • 020 556 3000 • www.eden amsterdamamericanhotel • €€€€.*

9 The College Hotel

Ce luxueux « hôtel-école » pour étudiants en hôtellerie occupe l'ancien bâtiment d'une école datant de 1895. Chambres et suites élégantes. Accès Wi-Fi. Restaurant, bar et jardin. Ⓢ *Roelof Hartstraat 1, 1071 VE • plan C6 • 020 571 1511 • www.thecollegehotel.com • €€€€€.*

10 Banks Mansion

Particulièrement accueillant, ce très bel hôtel est installé dans une ancienne banque. De nombreux services – Internet, journal le matin, amuse-gueule au salon… – sont inclus dans le prix. Ⓢ *Herengracht 519-525, 1017 BV • plan N5 • 020 420 0055 • www. banksmansioncarlton.nl • €€€€€.*

Sauf indication contraire, les hôtels acceptent les cartes de paiement et toutes les chambres disposent d'une salle de bains.

Lloyd Hotel

Catégories de prix

Prix par nuit pour	**€** moins de 90 €
une chambre double	**€€** 90-140 €
avec petit déjeuner	**€€€** 140-200 €
(s'il est inclus), taxes	**€€€€** 200-250 €
et service compris.	**€€€€€** plus de 250 €

🏅 Hôtels de charme

1 Fusion Suites 40
C'est l'un des hôtels les plus singuliers d'Amsterdam : chaque suite est décorée dans un style unique, de la suite indienne au style classique moderne. L'emplacement est idéal, à deux pas du Museumplein, des rues commerçantes élégantes, du Vondelpark et de l'animation de Leidseplein. ◈ *Roemer Visscherstraat 40,1054 EZ • plan C5 • 020 618 4642 • www.fusionsuites.com • €€€€€.*

2 Ambassade
Aménagé dans 10 maisons de marchands dominant l'Herengracht, cet hôtel offre un service ultramoderne dans un décor composé d'antiquités. Il est souvent complet. Les livres dédicacés exposés dans la bilbliothèque témoignent de sa popularité auprès des écrivains. ◈ *Herengracht 341, 1016 AZ • plan L4 • 020 555 0222 • www. ambassade-hotel.nl • €€€.*

3 Seven Bridges
Ce charmant hôtel doit son nom au fait qu'il a vue sur 7 ponts. Dans les chambres, parquet, tapis persans et meubles sont dignes d'un catalogue de commissaire-priseur et offent un cadre somptueux à un petit déjeuner pris au lit sans culpabilité : il n'y a pas de pièces communes. ◈ *Reguliersgracht 31, 1017 LK • plan E5 • 020 623 1329 • www.seven bridgeshotel.nl • €€.*

4 De Filosoof
L'idylle particulière de cet hôtel avec la philosophie ne se limite pas à son nom : chaque chambre reflète une philosophie et une culture différentes. ◈ *Anna Van den Vondel-straat 6, 1054 GZ • plan B5 • 020 683 3013 • www.hotelfilosoof.nl • €€.*

5 Amsterdam Wiechmann
Le Wiechmann occupe, depuis plus de 50 ans, 3 maisons bien entretenues. Plancher, poutres apparentes, boiseries, tapis d'Orient et belles antiquités composent un décor chaleureux. Les chambres sont simples. ◈ *Prinsengracht 328-332, 1016 HX • plan K4 • 020 626 3321 • www. hotelwiechmann.nl • €€.*

6 Lloyd Hotel
Au cœur du quartier embourgeoisé des docks de l'est, cet hôtel unique possède 117 chambres de 1 à 5 étoiles, toutes décorées par des créateurs néerlandais contemporains dans un style différent. ◈ *Oostelijke Handelskade 34, 101Q BN • 020 561 3636 • www.lloydhotel.com • €€€-€€€€€.*

7 Seven One Seven
Cet hôtel situé dans un quartier chic offre un cadre opulent. Le prix comprend le petit déjeuner, le thé de l'après-midi et un verre en début de soirée. ◈ *Prinsengracht 717, 1017 JW • plan E5 • 020 427 0717 • www. 717hotel.nl • €€€€€.*

8 Canal House
Des poutres en bois d'origine et des plafonds ouvragés s'insèrent agréablement dans un cadre contemporain. Le restaurant offre un bon rapport qualité/prix. ◈ *Keizersgracht 148, 1015 CX • plan 2L • 020 673 7223 • www. canalhouse.nl • €€€€.*

9 The Toren
Dans cette maison de canal du XVIIe s. rénovée, les chambres luxueuses ont vue sur le canal et sont équipées de Jacuzzi. ◈ *Keizersgracht 164, 1015 CZ • plan L2 • 020 622 6352 • www.thetoren.nl • €€€€€.*

10 Agora
Dominant le Singel à courte distance du Bloemenmarkt, ce petit hôtel intime possède un jardin paisible. Des poutres apparentes, du mobilier de qualité, des salles de bains modernes et des tarifs accessibles ajoutent à son intérêt. ◈ *Singel 462, 1017 AW • plan M5 • 020 627 2200 • www.hotelagora.nl • €€.*

Gauche **Rembrandt** Droite **NH Schiller**

TOP 10 Hôtels pour familles

1 Owl
Avec ses chambres triples, ses berceaux et son service de baby-sitting, cet hôtel familial du quartier des musées possède des équipements adaptés pour recevoir des enfants et est réputé pour la qualité de son accueil. Les chambres sont simples mais joliment décorées et le jardin est agréable. ◉ *Roemer Visscherstraat 1, 1054 EV • plan C5 • 020 618 9484 • www.owl-hotel.nl • €€.*

2 Hotel Arena
Ce 4-étoiles se trouve non loin du Tropenmuseum et de l'Artis Royal Zoo (p. 123). Les enfants en bas âge adoreront l'endroit, et les adolescents apprécieront les soirées « club » le week-end. Il abrite une chambre familiale et des suites (d'appoint possible). ◉ *'s Gravesandestraat 51, 1092 AA • plan G5 • 020 850 2400 • www.hotelarena.nl • €€.*

3 Singel
Séjourner (gratuitement pour les moins de 2 ans) en face du *Poezenboot* (p. 10) plaira certainement aux enfants qui aiment les animaux. Sur une jolie portion du Singel, les chambres, petites, ont du cachet. ◉ *Singel 13-17, 1012 VC • plan N1 • 020 626 3108 • www. singelhotel.nl • €€€.*

4 Amsterdam House
Amsterdam House loue 7 maisons flottantes pour de courtes ou longues durées, ainsi que des appartements et des chambres d'hôtel. ◉ *'s-Gravelandseveer 7, 1011 KM • plan N5 • 020 626 2577 • www. amsterdamhouse.com • €€.*

5 Estheréa
La même famille tient depuis 3 générations cet hôtel élégant à l'atmosphère chaleureuse et à l'équipement moderne. Elle propose des chambres familiales, dont certaines avec vue sur cour, et un service de baby-sitting. ◉ *Singel 303, 1012 WJ • plan M4 • 020 624 5146 • www. estherea.nl • €€€€.*

6 't Jagershuis
Située dans un charmant village à 10 km du centre (p. 128), accessible en bus ou à vélo, cette petite auberge au bord de l'eau séduira ceux qui préfèrent séjourner hors de la ville. Elle est équipée d'installations pour les familles. ◉ *Amstelzijde 2-4, 1184 VA Ouderkerk aan de Amstel • 020 496 2020 • www. jagershuis.com • AH • €€€.*

7 Aadam Wihelmina
Cet excellent 2-étoiles dans le quartier des musées possède des chambres à 3 ou 4 lits. Ses murs jaunes rendent la salle du petit déjeuner particulièrement gaie. ◉ *Koninginneweg 169, 1075 CN • 020 662 5467 • www. hotelwilhelmina.com • €€.*

8 Rembrandt
Cet établissement impeccable et d'un bon rapport qualité/prix sert le petit déjeuner dans une merveilleuse salle ancienne et loue des chambres modernes pouvant accueillir jusqu'à 6 personnes. ◉ *Plantage Middenlaan 17, 1018 DA • plan F4 • 020 627 2714 • www.hotelrembrandt.nl • €.*

9 NH Schiller
Les adolescents réussiront peut-être à supporter leurs parents dans ce célèbre hôtel Art déco dominant les néons du Rembrandtplein. De nombreuses installations divertiront les parents pendant que les enfants profitent de la vie nocturne animée. ◉ *Rembrandtplein 26, 1017 CV • plan N6 • 020 554 0700 • www.nh-hotels.com • AH • €€€€€.*

10 Albus Hotel
Les enfants ont un faible pour les hôtels tout neufs, comme ce 4-étoiles de la Grachtengordel. On peut dormir à 3 ou 4 dans certaines chambres, et une brasserie sert snacks et petits déjeuners. ◉ *Vijzelstraat 49, 1017 HE • plan N6 • 020 530 6200 • www.albushotel.com • AH • €€€.*

Sauf indication contraire, les hôtels acceptent les cartes de paiement et toutes les chambres disposent d'une salle de bains.

Grand Hotel Amrâth

Catégories de prix

Prix par nuit pour	€ moins de 90 €
une chambre double	€€ 90-140 €
avec petit déjeuner	€€€ 140-200 €
(s'il est inclus), taxes	€€€€ 200-250 €
et service compris.	€€€€€ plus de 250 €

TOP 10 Hôtels d'affaires

1 Qbic Hotel Amsterdam WTC

Situé dans le World Trade Centre d'Amsterdam, cet hôtel est idéal pour les voyageurs d'affaires. Son concept « simple, chic et bon marché » s'exprime dans le « Cubi » – un espace high-tech cubique avec éclairage d'ambiance et literie luxueuse. ⬥ *WTC, Mathijs Vermeulenpad 1, 1077 XX • plan N3 • 043 321 1111 • www. obichotels.com • €€€€€.*

2 Radisson Blu Hotel

Entourant un atrium spectaculaire, cet établissement comprend plusieurs maisons anciennes, une papeterie et un presbytère du XIXe s. dont une partie abrite désormais un bar éclairé aux bougies. Reliés par un tunnel, les centres de conférences et de remise en forme se trouvent de l'autre côté de la rue. ⬥ *Rusland 17, 1012 CK • plan N4 • 020 623 1231 • www.radisson blu.com/hotel-amsterdam • AH • €€€€.*

3 Park Plaza Victoria Amsterdam

À l'angle du Damrak, en face de la Centraal Station, cet édifice monumental recèle un centre de remise en forme et un équipement de conférences complet. ⬥ *Damrak 1-5, 1012 LG • plan P23 • 020 623 4255 • www.parkplazaamster dam.com • AH • €€€€€.*

4 Renaissance Amsterdam

De nombreux équipements à des tarifs abordables distinguent cet hôtel central. Une ancienne église du XVIIe s abrite les salles de réunion et le centre de conférences et d'affaires. Outre ses chambres et suites confortables, l'hôtel compte une salle de gym, un café brun, un embarcadère et un parking (rare en ville). ⬥ *Kattengat 1, 1012 SZ • plan N1 • 020 621 2223 • www.renaissance amsterdamhotel.com • AH • €€€€€.*

5 Crowne Plaza Amsterdam City Centre

Cet hôtel d'affaires bien équipé dans le centre abrite le New Dorrius, un excellent restaurant. ⬥ *Nieuwezijds Voorburgwal 5, 1012 RC • plan N1 • 020 6200500•www.amsterdam-city-centre-crowneplaza.com • AH • €€€€€.*

6 Okura

Proche du centre de congrès du RAI Congresgebouw, l'Okura offre des prestations haut de gamme pour un tourisme d'affaires. Il possède 1 brasserie, 2 bars et 4 restaurants, dont le Ciel Bleu (2-étoiles au *Michelin*), perché au 23e étage. ⬥ *Ferdinand Bolstraat 333, 1072 LH • 020 678 7111 • www.okura.nl • AH • €€€€€.*

7 Grand Hotel Amrâth

Ce 5-étoiles associe le style Art nouveau à tout le confort moderne. Salles de conférence et salles de banquet avec équipement audiovisuel, centre de remise en forme. ⬥ *Prins Hendrikkade 108, 1011 AK • plan Q2 • 020 552 0000 • www. amrath.amsterdam.com • €€€€€.*

8 Double Tree (Hilton)

Avec ses 20 salles de conférence, cet hôtel moderne et épuré est le plus grand au cœur d'Amsterdam. Les chambres sont équipées d'ordinateurs iMac et du Wi-Fi gratuit. ⬥ *Oosterdoksstraat 4, 1011 DK • plan R2 • 020 530 0800 • www.doubletree.hilton. com/amsterdam • AH • €€€-€€€€€.*

9 Residence Le Coin

Dans le quartier de l'Université, ce petit complexe de studios avec cuisinettes accueille des professeurs de passage. ⬥ *Nieuwe Doelenstraat 5, 1012 CP • plan N5 • 020 524 6800 • www.lecoin.nl • €€.*

10 Atlas

Cette maison Art nouveau proche du Vondelpark abrite des chambres fonctionnelles. ⬥ *Van Eeghenstraat 64, 1071 GK • plan C6 • 020 676 6336 • www.hotelatlas.nl • €€.*

Gauche **Quentin England** Droite **Quentin Hotel**

Hôtels gays

1 Quentin England

Dans cette rue, un rang de 7 maisons illustre les styles architecturaux de 7 pays. *Gay-friendly*, l'England occupe le « cottage » anglais et la demeure néerlandaise voisine. Roemer Visscherstraat 30, 1054 EZ • plan C5 • 020 616 6032 • www.quentin hotels.com • AH • €€.

2 Quentin Hotel

Le Quentin Hotel (ne pas confondre avec le Quentin England) n'est pas exclusivement gay mais fait bon accueil aux homosexuels. Les femmes, en particulier, apprécient ce petit établissement bien tenu proche du Leidseplein. De nombreux musiciens y séjournent aussi, car il se trouve près du Paradiso et de Melkweg (p. 54-55). Leidsekade 89, 1017 PN • plan J6 • 020 626 2187 • www. quentinhotels.com • €€.

3 Amistad

Dans cet hôtel rénové, exclusivement gay, les chambres sont élégantes, à dominante rouge, et certaines disposent de salles d'eau. Également des appartements avec kitchenettes et des suites. Le petit déjeuner est servi jusqu'à 13 h. Proche des clubs et saunas gays. Kerkstraat 42, 1017 GM • plan L6 • 020 624 8074 • www.amistad.nl • €.

4 Hotel Downtown Amsterdam

Dans l'enclave homosexuelle de Kerkstraat, cet hôtel jouit d'un bon emplacement. Les 24 chambres claires et propres sont toutes équipées d'une salle de bains. Kerkstraat 25, 1017 GA • plan L6 • 020 777 6877 • www. hoteldowntown.nl • €.

5 Golden Bear

La popularité de cet hôtel exclusivement gay dure depuis son ouverture en 1948. Derrière une jolie façade de la Kerkstraat, il renferme 11 chambres propres et nettes, certaines sans salle de bains. Kerkstraat 37, 1017 GB • plan L6 • 020 624 4785 • www.goldenbear.nl • €€.

6 Waterfront

Les chambres sont d'un standing un peu plus élevé. Cet hôtel *gay-friendly* est situé à courte distance des attractions du quartier des musées et du centre historique. Des antiquités meublent la réception au dallage noir et blanc. Singel 458, 1017 AW • plan M5 • 020 421 6621 • www.hotelwaterfront.nl • €€€.

7 Sander

Cet établissement *gay-friendly* situé derrière le Concertgebouw dans le quartier des musées loue 20 chambres simples mais spacieuses pour la plupart ; certaines sont dotées d'une cheminée ou d'une banquette. La salle du petit déjeuner ouvre sur un joli jardin. Jacob Obrechtstraat 69 • plan C6 • 020 662 7574 • www. hotel-sander.nl • AH • €€.

8 Amsterdam Hostel Orfeo

S'il n'est plus exclusivement gay, cet hôtel est bien situé, près du Leidseplein. Il possède aussi un bar convivial, idéal pour l'Happy Hour. Leidsekruisstraat 14, 1017 RH • plan D5 • 020 623 1347 • www. hotelorfeo.com • €€.

9 Black Tulip

Cet hôtel ouvert en 1998 près du « quartier cuir » et de la Centraal Station s'adresse aux homos mâles branchés cuir et bondage. Les chambres abritent l'équipement approprié. Geldersekade 16, 1012 BH • plan Q2 • 020 427 0933 • www.blacktulip.nl • €€.

10 Apartments Unlimited

Il ne s'agit pas d'un hôtel mais d'un service qui propose toutes sortes de logements au cœur d'Amsterdam : des studios, des appartements, des péniches aménagées et un B&B exclusivement gay, près du canal d'Amstel. 020 620 1545 • www.apartments-unlimited.com/cities/amsterdam • €€.

 Sauf indication contraire, les hôtels acceptent les cartes de paiement et toutes les chambres disposent d'une salle de bains.

Amstel Botel

Hôtels bon marché

1 Hermitage Hotel
Situé près de l'Amstel, sur un canal paisible. Toutes les chambres disposent d'une douche et de toilettes. Celles du dernier étage ont plus de caractère. ✆ *Nieuwe Keizersgracht 16, 1018 DR • plan Q6 • 020 623 8259 • ferm. la majeure partie de l'hiver • www.hotel hermitageamsterdam.com • €€.*

2 De Munck
Des objets des années 1960 rehaussent l'intérieur plutôt banal d'une maison construite à quelques pas de l'Amstel pour un capitaine de la marine. Les chambres sont propres et aérées, et il y a un bar et un jardin. ✆ *Achtergracht 3, 1017 WL • plan F5 • 020 623 6283 • www. hoteldemunck.com • €€.*

3 Amstel Botel
L'idée de résider sur un bateau a du charme, mais celui-ci est excentré et les chambres (ou plutôt cabines) de cet hôtel flottant sont petites. En revanche, vous bénéficierez d'un hébergement 3-étoiles à prix très raisonnables et de jolies vues. Un ferry peut vous emmener jusqu'à Centraal Station en 10-15 min. Location de vélos et bar agréable. ✆ *NDSM, quai 3 (Amsterdam-Noord) • 020 626 4247 • www.amstelbotel.com • €€.*

4 Bicycle Hotel Amsterdam
Des chambres simples, propres et bon marché, des vélos à louer, des plans gratuits et des conseils sur les itinéraires de promenade attirent une clientèle jeune dans De Pijp. ✆ *Van Ostadestraat 123, 1072 SV • 020 679 3452 • www. bicyclehotel.com • €.*

5 Museumzicht
Installé dans les étages supérieurs d'une maison du XIXe s., le Museumzicht ne possède pas de charme particulier. Son principal atout est sa situation : les chambres de derrière donnent sur le jardin du Rijksmuseum. ✆ *Jan Luykenstraat 22, 1071 CN • plan C5 • 020 671 2954 • €.*

6 Acacia
À un quart d'heure à pied du centre dans le Jordaan, un escalier raide mène à des chambres simples – certaines ont une vue spectaculaire sur le canal. La salle du petit déjeuner est agréable, et les charmants propriétaires proposent aussi des studios et une maison flottante. ✆ *Lindengracht 251, 1015 KH • plan C2 • 020 622 1460 • www.hotelacacia.nl • €.*

7 Travel Hotel Amsterdam
Si cet hôtel est très basique, son emplacement au cœur de l'Oude Zijde et du Quartier rouge compense son manque de confort. Le bar est ouvert 24 h/24. ✆ *Beursstraat 23, 1012 JV • plan N2 • 020 626 6532 • www.travelhotel.nl • €.*

8 Chic and Basic
Un emplacement idéal pour les petits budgets, sur la ceinture des canaux de l'Ouest. Ce petit bijou 2-étoiles se cache derrière les maisons vieilles de 300 ans qui bordent le canal. Chambres modernes et confortables, équipées du Wi-Fi. ✆ *Herengracht 13-19, 1015 BA • plan M1 • 020 522 2345 • www.chicand-basic.com • AH • €€.*

9 The Winston Hotel
À la porte du Quartier rouge, cet hôtel d'art bon marché possède des chambres éclatantes, toutes imaginées par des étudiants en art. Il attire une clientèle jeune, surtout en raison de la discothèque adjacente. Attendez-vous à un peu de bruit ! ✆ *Warmoesstraat 129, 1012 JA • plan N3 • 020 623 1380 • www.winston.nl • €-€€.*

10 Hegra
Une situation de premier ordre sur l'Herengracht. Les prix, l'accueil et le confort des chambres compensent la petite taille de celles-ci. ✆ *Herengracht 269, 1016 BJ • plan L3 • 020 623 7877 • www.hotelhegra.nl • ferm. janv. • €.*

Index

Remerciements

Principaux auteurs

De nationalité britannique, Fiona Duncan et Leonie Glass font équipe depuis 15 ans. Elles ont coécrit trois guides (dont un sur Amsterdam) dans la collection *3-D City Guides* de Duncan Petersen, *Paris Walks*, dans la collection *On Foot City Guides*, et plusieurs guides *Charming Small Hotel*.

Autres auteurs

La journaliste Pip Farquharson vit depuis longtemps à Amsterdam où elle publie son propre magazine de programmes alternatifs : *www.underwateramsterdam.com*. Elle a rédigé les pages sur les bars, salles de spectacle et clubs de ce guide, ainsi que les adresses de la partie « Visiter Amsterdam ».

Rodney Bolt habite aussi Amsterdam. Il est écrivain (théâtre historique) et auteur de plusieurs guides de voyage. Il s'est chargé pour cet ouvrage des adresses de cafés, bars et restaurants.

Réalisé par DP Services, une division de Duncan Petersen Publishing Ltd

Direction de projet Chris Barstow
Conception Janis Utton
Iconographie Lily Sellar
Index Hilary Bird
Photographe Anthony Souter
Photographies d'appoint Max Alexander, Steve Gorton, Rupert Horrox, Kim Sayer, Neil Setchfield, Clive Streeter, Gerard Van Vuuren, Gavin Wollard
Illustrations www.chrisorr.com
Cartographie Dominic Beddow, Simonetta Giori (Draughtsman Ltd)

Pour Dorling Kindersley
Direction générale Douglas Amrine
Direction artistique Marisa Renzullo
Cartographie Casper Morris
PAO Jason Little
Fabrication Sarah Dodd
Documentation iconographique Charlotte Oster
Vérification des informations Gerard Van Vuuren
Édition Emma Anacootee, Declan Aylward, Marta Bescos, Simon Davis, Anna Freiberger, Camilla Gersh, Integrated Publishing Solutions, Julia Gorodecky, Priya Kukadia, Carly Madden, Sam Merrell, Daniel Milton, Marianne Petrou, Mindy Ran, Erin Richards, Ellen Root, Sadie Smith

Crédits photographiques

Malgré le soin apporté à dresser la liste des photographies publiées, nous demandons à ceux qui auraient été involontairement omis de bien vouloir nous en excuser. Cette erreur serait corrigée à la prochaine édition de l'ouvrage.

Abréviations : h = en haut ; g = à gauche ; d = à droite ; c = au centre ; b = en bas.

Les œuvres d'art ont été reproduites avec l'autorisation des détenteurs de droit suivants : *La Grand-Mère d'Émile Bernard* (1887) d'Émile Bernard, © ADAGP Paris et DACS Londres 2011 18b ; *Enfants et Chien* (1950) de Karel Appel, © DACS 2011 47bg ; *Deux Femmes sur la plage* (1898) d'Edvard Munch, © Munch Museum/ Munch-Ellingsen Group, BONO, Oslo, DACS Londres 2011 14hg.

L'éditeur exprime sa reconnaissance aux particuliers, sociétés et bibliothèques qui ont autorisé la reproduction de leurs photographies :

AKG, LONDRES : 38hd, 49d ; *Navires de guerre hollandais (*1863) de Ludolf Backhuysen 27b ; *Pierre le Grand* (1717) de Jean-Marc Nattier, Residenzmuseum, Munich 10c ; *Allégorie de la Peinture* (v. 1665-1666) de Jan Vermeer, photo d'Erich Lessing, Kunsthistorisches Museum, Vienne 46hg AMSTERDAM ARENA : 71d, 129hd. AMSTERDAM VILLAGE COMPANY : 54bg. AMSTERDAM MUSEUM : 7cgh, 24h, 25hc, 25cdh, 25bg, 26b, 40b, 107b ; *Vue aérienne d'Amsterdam* (1538) de Cornelis Anthonisz 24c ; *Le Gouden Leeuw sur l'IJ à Amsterdam* (1686) de Willem Van de Velde le Jeune 24b ; *La Leçon d'anatomie du docteur Jan Deijman* (1656) de Rembrandt 25c ; *La Place du Dam avec le nouvel hôtel de ville en construction* (1656) de Johannes Lingelbach 26hg ; *Portrait de 17 gardes* de Cornelis Anthonisz 26hd ; *Coupe de mariage en argent* de Gerrit Valek 27c ; *Arrivée de Napoléon sur la place du Dam* (1811) de Matheus I. van Bree 38cg ; *Tulp met Spin* de B. Assteyn 83b. © AFF/AFS AMSTERDAM : 7bg, 32hg, 32bd, 32-33c, 33cd, 33b, 47bd.

BAZAR : 61hg. BIJBELS MUSEUM : Ernest Annyas 101bd. EDDY BOEUE : 99hg.

COBRA MUSEUM VOOR MODERNE KUNST, AMSTELVEEN : *Enfants et Chien*

(1950) de Karel Appel, © DACS 2011 47bg. THE COLLEGE HOTEL : 118hg. COSTER DIAMONDS : 116b, 117hd.

DAALDER ETEN & DRINKEN : 60hg.

EYE FILM INSTITUUT : 127hg.

GEMEENTEARCHIEF : Doriann Kransberg 99b. GETTY IMAGES : 47hd. GO GALLERY : Herman van Heusden 97hg. GRAND HOTEL AMRÂTH : 147.

DE HOLLANDSCHE MANEGE : 119hg. HET BLAUWE THEEHUIS : 50hg. HOTEL DE L'EUROPE : 52hg. HORTUS BOTANICUS : 67bg.

JAN DERWIG ARCHITECTUUR FOTOGRAFIE : 126b. JOODS HISTORISCH MUSEUM : Jeroen Nooter 48hg, 48hd, 48b. JORDAAN FESTIVAL : Jan Willem Groen 70bd.

KONINKLIJK THEATER CARRÉ : Rob Liot 122hg.

LEONARDO MEDIABANK : 145hg.

MARY EVANS PICTURE LIBRARY : 39bd. MULLIGANS : 110hg. MUSEUM AMSTELKRING : Gert Jan Van Rooij 20hg, 20bd, 21cd, 21cb, 21bg, 82c. MUSEUM HET REMBRANDTHUIS : 41h, 76hd. MUSEUM ONS LIEVE HEER OP SOLDER : 6bd, 20cgb, 20-21c. MUSEUM VAN LOON : Maarten Brinkgreve 7cd, 30hg, 30cb, 30cd, 30-31c, 31cd, 31bc ; Portrait de couple (1791) de J. F. A Tischbein 31bg.

NEDERLANDS SCHEEPVAARTMUSEUM, AMSTERDAM : 40hd ; Plan d'Amsterdam (1648) 11b. NEMO SCIENCE CENTER : 129bg ; NH SCHILLER HOTEL : 113hg, 146hd.

OPENBARE BIBLIOTHEEK AMSTERDAM : Annetje Van Praag 141hg.

PA PHOTOS : 39bg. PATHÉ TUSCHINSKI, AMSTERDAM : 49h, 106cd. DE PEPERWORTEL : 119hd. PICTURE BOX : 64hg, 64b, 70hg, 70hd ; Cuypers, Fotografie Igno 42hg ; Amerens Hedwich 23hc, 23c, 40hg ; Leeden van der Henk 71hg. LOS PILONES : 103hg.

RIJKSMUSEUM, AMSTERDAM : 13cd, 13cb, 13bg, 13hd, 14hd ; La Laitière (1658) de Johannes Vermeer 6cg, 12b ; Moulin au bord d'un canal (vers 1889) de Paul J. C. Gabriel 13hc ; Deux Femmes sur la plage (1898) d'Edvard Munch, © Munch Museum / Munch-Ellingsen Group, BONO, Oslo, DACS Londres 2011 14hg ; Conversation galante (1654) de Gerard Ter Borch le Jeune 14hc ; Autoportrait en saint Paul (1661) de Rembrandt 15c ; La Compagnie du capitaine Frans Banning Cocq, mieux connue sous le nom de La Ronde de nuit (1642) de Rembrandt 15b ; Autoportrait de jeunesse (1628) de Rembrandt 46c.

SKINS COSMETICS LOUNGE : 104hd. STADSSCHOUWBURG : 57hg. SUGAR FACTORY : Atilla Tassy 55hd. SUPPERCLUB : Kim van der Leden (www.photo-kim.com) 86hd.

DE TAART VAN M'N TANTE : Peter Sabelis 50hd. TROPENTHEATER : 56hd, 112cd. TULIP MUSEUM : 90hd.

VAN GOGH MUSEUM, AMSTERDAM : Luuk Kramer 16cg ; Vue de Prins Hendrikkade de Claude Monet 18hc ; Vincent Van Gogh Foundation 19cg ; Tournesols (1889) de Vincent Van Gogh 6cb, 16c ; Les Mangeurs de pommes de terre (1889) de Vincent Van Gogh 16cb ; Paire de chaussures (1885) de Vincent Van Gogh 17hd ; Autoportrait comme peintre (1887) de Vincent Van Gogh 17ch ; Champ de blé aux corbeaux (1890) de Vincent Van Gogh 17b, 46hd ; Ménades fatiguées après la danse (1875) de L. Alma-Tadema 18hg ; Autoportrait : les Misérables (1888) de Paul Gauguin 18hd ; La Grand-Mère d'Émile Bernard (1887) d'Émile Bernard, © ADAGP Paris et DACS Londres 2011 18b ; La Chambre de Vincent à Arles (1888) de Vincent Van Gogh 19b.

WINSTON KINGDOM : 54hg. WORLD OF AJAX : 127b.

XTRACOLD : 52bg.

YELLOW BICYCLE : 136hd.

Couverture
1re de couverture : Alexander Demyanenko/Shutterstock
4e de couverture : Tony Souter/ DK Images (bg) ; DK Images (bd).

Toutes les autres illustrations : © Dorling Kindersley. Plus d'informations sur **www.dkimages.com**

Lexique

En cas d'urgence

Au secours !	**Help !**
Arrêtez !	**Stop !**
Appelez un docteur !	**Haal een dokter !**
Appelez une ambulance !	**Bel een ambulance !**
Appelez la police !	**Roep de politie !**
Appelez les pompiers !	**Roep de brandweer !**

L'essentiel

Oui.	**Ja.**
Non.	**Nee.**
S'il vous plaît.	**Alstublieft.**
Merci.	**Dank u.**
Excusez-moi.	**Pardon.**
Bonjour.	**Hallo.**
Au revoir.	**Dag.**
Bonne nuit.	**Goede nacht.**
matin	**morgen**
après-midi	**middag**
soir	**avond**
Quoi ?	**Wat ?**
Quand ?	**Wanneer ?**
Pourquoi ?	**Waarom ?**
Où ?	**Waar ?**
à gauche	**links**
à droite	**rechts**
loin	**ver weg**

Quelques phrases utiles

Comment allez-vous ?	**Hoe gaat het ermee ?**
Très bien, merci.	**Heel goed, dank u.**
À quelle distance est-ce ?	**Hoe ver is het naar ?**
C'est parfait.	**Prima.**
Où est/sont… ?	**Waar is/zijn… ?**
Comment aller à… ?	**Hoe kom ik naar… ?**
Parlez-vous français ?	**Spreekt u Frans ?**
Je ne comprends pas.	**Ik snap het niet.**
Pardon.	**Sorry.**

Les achats

Combien cela coûte-t-il ?	**Hoeveel kost dit ?**
Je voudrais…	**Ik wil graag…**
Avez-vous… ?	**Heeft u… ?**
Acceptez-vous les cartes de crédit ?	**Neemt u credit cards aan ?**
Acceptez-vous les chèques de voyage ?	**Neemt u reischeques aan ?**
À quelle heure ouvrez/fermez-vous ?	**Hoe laat gaat u open/dicht ?**
celui-ci	**deze**
celui-là	**die**
cher	**duur**
bon marché	**goedkoop**
gratuit	**gratis**
taille	**maat**
grand	**groot**
petit	**klein**

ouvert	**open**
fermé	**gesloten**
entrée	**ingang**
sortie	**uitgang**
blanc	**wit**
noir	**zwart**
rouge	**rood**
jaune	**geel**
vert	**groen**
bleu	**blauw**

Les magasins

antiquaire	**antiekwinkel**
boulangerie	**bakker**
banque	**bank**
librairie	**boekwinkel**
boucher	**slager**
pâtisserie	**banketbakkerij**
fromagerie	**kaaswinkel**
pharmacie	**apotheek**
kiosque à frites	**patatzaak**
charcuterie fine	**delicatessen**
grand magasin	**warenhuis**
poissonnerie	**viswinkel**
maraîcher	**groenteboer**
coiffeur	**kapper**
marché	**markt**
vendeur de journaux	**krantenwinkel**
bureau de poste	**postkantoor**
marchand de chaussures	**schoenenwinkel**
supermarché	**supermarkt**
bureau de tabac	**sigarenwinkel**
agence de voyages	**reisburo**

Le tourisme

galerie d'art	**galerie**
arrêt de bus	**busstation**
ticket de bus	**ov chipkaart**
cathédrale	**kathedraal**
église	**kerk**
fermé les jours fériés	**op feestdagen gesloten**
aller-retour valable un jour	**dagretour**
jardin	**tuin**
bibliothèque	**bibliotheek**
musée	**museum**
gare	**station**
billet de retour	**retourtje**
aller simple	**enkeltje**
office de tourisme	**VVV**
hôtel de ville	**stadhuis**
train	**trein**

À l'hôtel

Avez-vous une chambre libre ?	**Zijn er nog kamers vrij ?**
une chambre double	**een twee persoonskamer**
à lit double	**met een twee persoonsbed**
à lits jumeaux	**een kamer met een lits-jumeaux**
une chambre individuelle	**eenpersoonskamer**
chambre avec baignoire	**kamer met bad**
douche	**douche**
portier	**kruier**
J'ai réservé.	**Ik heb gereserveerd.**

Au restaurant

Avez-vous une table ?	**Is er een tafel vrij ?**
J'aimerais réserver une table.	**Ik wil een tafel reserveren.**
petit déjeuner	**het ontbijt**
déjeuner	**de lunch**
dîner	**het diner**
L'addition, s'il vous plaît.	**Mag ik afrekenen.**
serveuse	**serveerster**
serveur	**meneer**
carte	**de kaart**
entrée	**het voorgerecht**
plat principal	**het hoofdgerecht**
dessert	**het nagerecht**
plat du jour	**het dagmenu**
supplément couvert	**het couvert**
carte des vins	**de wijnkaart**
verre	**het glas**
bouteille	**de fles**
couteau	**het mes**
fourchette	**de vork**
cuillère	**de lepel**

Lire la carte

aardappels	pommes de terre
azijn	vinaigre
biefstuk	steak
bier, pils	bière
boter	beurre
brood	pain
cake	gâteau
chocolade	chocolat
citroen	citron
cocktail	cocktail
droog	sec
eend	canard
ei	œuf
garnalen	crevettes
gebak	pâtisserie
gebakken	frit
gegrild	grillé
gekookt	bouilli
gepocheerd	poché
groenten	légumes
ham	jambon
haring	hareng
hutspot	pot-au-feu
ijs	glace, crème glacée
jenever	genièvre
kaas	fromage
kabeljauw	morue
kip	poulet
koffie	café
kool, rode of witte	chou, rouge ou blanc
kroket	croquette
lamsvlees	agneau
mineraalwater	eau minérale
mosterd	moutarde
olie	huile
pannekoek	crêpe
patat frites	frites
peper	poivre
poffertjes	petites crêpes soufflées
rijst	riz
rijsttafel	table de riz (plat indonésien)
rode wijn	vin rouge
rookworst	saucisse
rundvlees	bœuf

saus	sauce
schaaldieren	coquillage
scherp	pimenté
schol	sole
soep	soupe
stamppot	ragoût
suiker	sucre
taart	tarte
thee	thé
tosti	toast au fromage
uien	oignons
uitsmijter	œuf au plat sur une tartine au jambon
varkensvlees	porc
vers fruit	fruit frais
verse jus	jus de fruits frais
vis	poisson / fruits de mer
vlees	viande
water	eau
witte wijn	vin blanc
worst	saucisse
zout	sel

Les nombres

1	**een**
2	**twee**
3	**drie**
4	**vier**
5	**vijf**
6	**zes**
7	**zeven**
8	**acht**
9	**negen**
10	**tien**
11	**elf**
12	**twaalf**
13	**dertien**
14	**veertien**
15	**vijftien**
16	**zestien**
17	**zeventien**
18	**achttien**
19	**negentien**
20	**twintig**
21	**eenentwintig**
30	**dertig**
40	**veertig**
50	**vijftig**
60	**zestig**
70	**zeventig**
80	**tachtig**
90	**negentig**
100	**honderd**
1 000	**duizend**
1 000 000	**miljoen**

Le jour et l'heure

une minute	**een minuut**
une heure	**een uur**
une demi-heure	**een half uur**
une heure et demie	**half tween**
un jour	**een dag**
une semaine	**een week**
un mois	**een maand**
une année	**een jaar**
lundi	**maandag**
mardi	**dinsdag**
mercredi	**woensdag**
jeudi	**donderdag**
vendredi	**vrijdag**
samedi	**zaterdag**
dimanche	**zondag**

... des principales rues